Paulo VI e
Dom Helder Camara

IVANIR ANTONIO RAMPON

Paulo VI e Dom Helder Camara

EXEMPLO DE UMA AMIZADE ESPIRITUAL

Dados Internacionais de Catalogação na Publicação (CIP)
(Câmara Brasileira do Livro, SP, Brasil)

Rampon, Ivanir Antonio

Paulo VI e Dom Helder Camara : exemplo de uma amizade espiritual / Ivanir Antonio Rampon. – São Paulo : Paulinas, 2014.

Bibliografia.
ISBN 978-85-356-3822-6

1. Amizade 2. Espiritualidade 3. Camara, Helder, 1909-1999 4. Paulo VI, Papa, 1897-1978 5. Relações interpessoais 6. Vida cristã I. Título.

14-08657   CDD-248.4

Índice para catálogo sistemático:
1. Amizade : Relacionamentos : Vida cristã : Cristianismo   248.4

1ª edição – 2014

Direção-geral: Bernadete Boff

Editores responsáveis: Vera Ivanise Bombonatto
e Afonso M. L. Soares

Copidesque: Ana Cecilia Mari

Coordenação de revisão: Marina Mendonça

Revisão: Sandra Sinzato

Gerente de produção: Felício Calegaro Neto

Projeto gráfico: Manuel Rebelato Miramontes

Foto de capa: Instituto Dom Helder Camara
IDHeC de Recife - PE

Nenhuma parte desta obra poderá ser reproduzida ou transmitida por qualquer forma e/ou quaisquer meios (eletrônico ou mecânico, incluindo fotocópia e gravação) ou arquivada em qualquer sistema ou banco de dados sem permissão escrita da Editora. Direitos reservados.

Paulinas

Rua Dona Inácia Uchoa, 62
04110-020 – São Paulo – SP (Brasil)
Tel.: (11) 2125-3500
http://www.paulinas.org.br – editora@paulinas.com.br
Telemarketing e SAC: 0800-7010081
© Pia Sociedade Filhas de São Paulo – São Paulo, 2014

Cardeal Montini, futuro Papa Paulo VI,
com Dom Helder Camara,
numa favela do Rio de Janeiro
em junho de 1960.

[...] sinto o dever de agradecer e de abençoar
a quem me quis bem, me beneficiou,
me ajudou
e rodeou de bons exemplos,
de cuidados, de afeto,
de confiança, de bondade, de afabilidade,
de amizade, de fidelidade e de fineza.
Olho com reconhecimento
para as relações naturais e espirituais
que deram origem, assistência, conforto e
significado à minha humilde existência:
quantos dons, quantas coisas belas e altas,
quanta esperança recebi neste mundo!
Paulo VI

Não é amigo aquele que esconde a verdade.
Talvez não seja nem aquele que a proclama
em um modo qualquer,
oportuna ou inoportunamente,
sem a luz do coração...
Dom Helder Camara

Sumário

Introdução 13

Capítulo I – Início da amizade espiritual 19
   1. Helder e João Batista:
      uma história de vida semelhante 20
   2. "Não, eu não aspiro a nada:
      quero apenas servir à Igreja e ao meu país" 24
   3. Com a amizade, nasce um excelente fruto:
      a CNBB 28
   4. Uma amizade abençoada 32

Capítulo II – Amizade com amplos horizontes 35
   1. Amizade espiritual – aberta a horizontes amplos 36
   2. O Arcebispo dos Trabalhadores
      e o Arcebispo das Favelas 41
   3. "Só tenho compromisso com o Evangelho" 47
   4. Helder, Montini e João XXIII 49

Capítulo III – Amizade *aggiornada* 57
   1. "Admiro a beleza e a altura de seus planos" ... 58
   2. "Estou ansioso para rever de perto o querido
      Montini, para ver a quantas anda o banho
      de João XXIII..." 66

3. "Deus sabe a alegria que tenho de dar-lhe este pálio" 74
4. "[...] continuam as lições do papa" 77

Capítulo IV – Amizade guiada pela Providência 83
1. "[...] quando uma criatura fica assim nas mãos de Deus opera maravilhas..." 83
2. "Devemos dar exemplo de uma vida em clima de trabalho, pobreza, imitando Paulo VI..." 89

Capítulo V – Amizade provada 99
1. "É, de fato, uma revolução espiritual a Igreja de João XXIII e Paulo VI" 100
2. "Você cresceu por dentro, mas continua humilde [...]. Seu sorriso e seu olhar não envelhecem..." 106
3. "[...] profunda emoção dolorosa" 118
4. "Tenho certeza de que você prega justiça e amor, dentro dos ensinamentos da Igreja" 120
5. "Quaisquer que sejam as consequências..." 127

Capítulo VI – Amizade sintonizada 135
1. "Guarde esta cruz como um sinal da 'presença viva do amigo ao seu lado'" 135
2. "O papa, agora, oferece a mais oportuna, clara e valente de todas as encíclicas" 140
3. "Que o Espírito Santo inspire e fortaleça a Igreja latino-americana, não só para a retomada de Medellín, mas para a sua atualização..." 148

4. "Guardarei, para sempre, no ouvido
   e no coração a voz de Paulo:
   'Jamais la guerre! Jamais la guerre!'" 152

Capítulo VII – Amizade confirmada e eterna 163
   1. "Eu estava com saudade de você" 163
   2. Paulo VI: amigo fiel e protetor da santa ousadia
      helderiana 168

Bibliografia 173

Introdução

A amizade é uma das formas mais comuns de relação humana. Inúmeras são as canções, poesias, encenações e estudos que buscam revelar o valor da amizade. Dentre as maiores tristezas e dores que podemos sentir, está a descoberta de que um grande amigo ou amiga traiu a comum amizade ou em ver-se como traidor. Judas Iscariotes, depois de ter traído o seu grande, sincero e eterno amigo (Jo 13,23-27), resolveu matar-se (Mt 27,5). Pedro, depois de ter negado que conhecia o mestre-amigo, chorou amargamente (Lc 22,62).[1]

Existem vários tipos de amizades, tais como a superficial ou a profunda.[2] A superficial acontece por uma afinidade de interesse e não apresenta grandes problemas de relação. Já a amizade profunda exige presença, diálogo, silêncio, paciência, perdão... Existe a falsa e a amizade fiel. Segundo Cícero, entre os jovens a falsa amizade é aquela guiada pelo interesse sexual e, entre os adultos, pelo interesse econômico... Estas são falsas amizades porque não buscam a outra pessoa, mas sim saciar a própria paixão ou se beneficiar das posses financeiras de alguém. Ao contrário, a amizade fiel preza pelo cuidado da outra pessoa. O

---

[1] I. A. RAMPON, O encontro com Jesus faz surgir um novo sujeito histórico que chamamos discípulo. In: A. RUBINI; C. BONETTI, *Discipulado e missão – elementos bíblicos*, pp. 139-169.

[2] J. COMBLIN, *A vida: em busca da liberdade*. São Paulo, 2007.

livro do Eclesiastes diz que um amigo fiel é uma proteção forte e que quem o encontra, encontra um tesouro. Já o falso amigo é aquele que abandona o outro no momento da desgraça (Eclo 6,14-17).

Jesus tinha bons amigos. Com alguns – Marta, Maria, Lázaro, Madalena – mantinha laços mais profundos. Segundo o quarto Evangelho, o melhor amigo era/é o discípulo amado.[3] A seus amigos, Jesus revela os mistérios de Deus e dá a sua própria vida. O amigo ideal de Jesus é aquele que permanece fiel a ele até a cruz. A frase mais célebre sobre amizade foi pronunciada por Jesus: "Ninguém tem maior amor do que aquele que dá a vida pelos seus amigos" (Jo 15,13). Jesus também contou com inimigos: porém, ensinou que uma das formas mais sublimes de amor é o amor aos inimigos (Mt 5,44; Lc 23,34).

A tradição monástica desenvolveu o conceito de amizade espiritual,[4] ou seja, aquela que é comum geralmente entre pessoas do mesmo sexo, sem envolver nada de atração física, mas somente a comunhão de ideais, bem como a busca contínua de Deus. Houve também grandes amizades espirituais entre pessoas de sexo diferentes, como Francisco e Clara de Assis e Francisco de Sales e Joana de Chantal. Francisco de Sales, em seus escritos, analisa os tipos e as formas de amizades: para eles, a amizade se dá com "a presença de Jesus". Esta presença abre a amizade para horizontes mais vastos, pois os amigos revelam

---

[3] I. A. RAMPON, O encontro com Jesus faz surgir um novo sujeito histórico que chamamos discípulo. In: A. RUBINI; C. BONETTI, *Discipulado e missão – elementos bíblicos*, pp. 159-169.

[4] M. S. DRISCOLL, Amicizia, *NDS*, 53-57.

Paulo IV e Dom Helder Camara

traços de Jesus. É estabelecida uma comunicação baseada na caridade e na devoção que provêm de Deus e a Deus conduzem.

Dom Helder cultivava uma profunda amizade espiritual com a Família mecejanense,[5] com muitos pobres, com lideranças eclesiais e, entre elas, com bispos que tinham especial sensibilidade com a situação do Terceiro Mundo, tais como Dom Manuel Larraín, Dom Armando Lombardi, Cardeal Leo-Jozef Suenens... e o Papa Paulo VI.

Com este texto, visamos relatar, comentar e aprofundar alguns aspectos da amizade espiritual existente entre Dom Helder Pessoa Camara[6] (1909-1999) e João Batista Henrique Antônio Montini (1897-1978).[7] Esta amizade, desde o primeiro encontro, em 1950, nunca parou de crescer[8]... Em 1952, o recém-ordenado Bispo Helder abençoou o Monsenhor Montini e teve a graça de receber do novo amigo a "primeira bênção do papa"...

A amizade dos dois era tão profunda que exalava mútua admiração. De fato, algumas vezes, na década de 1950, ao

---

[5] I. A. RAMPON, *O caminho espiritual de Dom Helder Camara*, pp. 312-322. O pensamento de Dom Helder chegava ao público através de artigos, livros, homilias, programas de rádio e conferências, com o apoio de amigas e amigos de total confiança, que formavam uma "família". Enquanto morou no Rio de Janeiro, Dom Helder chamava de "Família São Joaquim" (referência ao Palácio São Joaquim) e, mais tarde, em Recife, depois de vários nomes, decidirá por "Família macejanense", em referência a Messejana, Fortaleza.

[6] Os autores escrevem o nome de Dom Helder de muitas maneiras. Ele foi registrado *Helder Pessoa Camara*. Seguiremos esta grafia.

[7] Para a análise desta amizade, seguiremos de perto o livro *O caminho espiritual de Dom Helder Camara*, São Paulo, Paulinas, 2013.

[8] M. de CASTRO, *Dom Helder: misticismo e santidade*, pp. 237-238.

saber que o amigo estava em Roma, Montini dirigia-se até o Pontifício Colégio Pio Brasileiro para acolitá-lo nas missas.[9] Já, durante o Concílio Vaticano II, o jornalista Henri Fesquet anotou que Paulo VI era influenciado pelo "Bispo dos Pobres" e, por isso, os discursos de Dom Helder deveriam ser escutados com a máxima atenção.[10]

Em uma carta autobiográfica de 1972, Helder comentou: "Na vigília e na missa cotidiana, Pedro tem sempre um lugar único nas orações do amigo e irmão em Cristo".[11] Em sua missão de peregrino da paz, o Dom gostava de apresentar Paulo VI como guia, inspirador e exemplo; como "técnico em humanidade".[12]

Paulo VI, por sua vez, dizia-lhe frases que o deixavam emocionadíssimo, tais como: "solução só virá na medida em que se multiplicassem bispos como Monsenhor Camara"; "a riqueza da Igreja está em homens como o Sr....",[13] "tenho certeza de que você prega justiça e amor, dentro dos ensinamentos da Igreja, e tendo meditado cada palavra nas vigílias... Estas abençoadas vigílias!" e "não quero que haja a menor dúvida sobre a minha aprovação às suas viagens"[14].

---

[9] C. Isnard, Dom Helder e a Conferência dos Bispos. In: Z. Rocha, *Helder, o Dom. Uma vida que marcou os rumos da Igreja no Brasil*, pp. 98-99.

[10] H. Fesquet, *Diario del Concilio*, p. 727.

[11] H. Camara, Helder Camara – autocritica e utopia. In: H. Camara; M. Silva; A. B. Fragoso; F. Betto; G. Lebret; J. Silva Solar; P. Freire, *Complicità o resistenza? La Chiesa in America Latina*, p. 21.

[12] H. Camara, Recife e Milão, irmãs em responsabilidades em face do desenvolvimento. In: H. Câmara, *Utopias peregrinas*, pp. 34-37.

[13] Circular 15 de 14.3.1964.

[14] N. Piletti; W. Praxedes, *Dom Hélder Câmara: entre o poder e a profecia*, pp. 359, 423, 429.

Em quase todas as viagens de Helder à Europa, os dois amigos se encontraram...

A amizade dos dois era tão profunda que, na década de 1960, alguns funcionários do Vaticano sabiam que, quando o arcebispo brasileiro chegava à antecâmara pontifícia, o próprio papa saía para abraçá-lo, pois não queria que o amigo esperasse o abraço. Entre os assessores do papa corria até uma piadinha – não se sabe se é verídica – que, certa vez, Paulo VI, sorrindo, cordialmente, disse-lhe: "Eccolo qui, il nostro 'Arcivescovo rosso'", e Dom Helder completou: "In umile presenza del 'papa comunista'". Perguntado se era verdade que o papa o havia chamado de "arcebispo vermelho", Dom Helder respondeu que "sim", mas que o fizera como brincadeira, pois Paulo VI sabia que, no Brasil, quem não era reacionário, era considerado comunista ou estava a serviço do comunismo.[15]

Mas, infelizmente, havia interesses maldosos que queriam ferir e anular esta profunda amizade espiritual. Houve várias tentativas... Mas, graças a Deus, Paulo VI jamais perdeu a confiança em Dom Helder, sempre reconhecendo que o arcebispo de Olinda e Recife era seu fiel e sincero irmão e amigo em Cristo, além de exemplo e modelo na pregação do Evangelho da justiça e da paz. Para ele, o Dom era um místico que lhe revelava traços de Jesus Cristo.

Em 2014, o Papa Francisco decidiu beatificar Paulo VI,[16] e o arcebispo de Olinda e Recife, Dom Fernando Saburido,

---

[15] J. GONZÁLEZ, *Helder Câmara: il grido dei poveri*, pp. 24-33.

[16] "Paulo VI será beatificado em 19 de outubro deste ano", *Rádio Vaticano* [acesso 29.6.2014]. A beatificação está marcada para 19 de outubro de 2014.

por sua vez, decidiu solicitar a autorização da Congregação para a Causa dos Santos, a fim de iniciar o processo de beatificação de Dom Helder.[17] Louvado seja Deus!

Este livro, além de ser uma homenagem a Paulo VI e a seu amigo Helder Camara, quer refletir a amizade espiritual que permeava a vida desses dois homens do Evangelho! Que Montini e Camara nos inspirem a viver profundas amizades espirituais nestes novos tempos em que precisamos da "revolução da ternura", da "cultura do encontro"[18] e de exemplos inspiradores, pois "as palavras comovem, mas o testemunho arrasta", produzindo muitos frutos!

---

[17] "Dom Saburido envia a Roma o pedido de canonização de Dom Hélder", *G1 Pernambuco Nordeste*, 27.5.2014; "Dom Hélder Câmara: a santidade e o compromisso com os direitos humanos", *Rádio Vaticano* [acesso 29.6.2014].

[18] FRANCISCO, *Evangelii Gaudium*, n. 88 e 220; FRANCISCO, *Comunicação a serviço de uma autêntica cultura do encontro*. Mensagem do 48º Dia Mundial das Comunicações Sociais.

CAPÍTULO I

Início da amizade espiritual

Muito obrigado, Dom Helder,
pela nossa Conferência dos Bispos.
Chamo-a assim, porque a vimos nascer,
a ajudamos a nascer...

Paulo VI

No primeiro encontro de Dom Evaristo Arns com Paulo VI, o papa repentinamente lhe perguntou: "O que você pensa de Dom Helder?". Surpreso com a pergunta, Dom Evaristo lhe disse: "Para mim, Santo Padre, ele é um místico e um poeta. Um grande homem para o Brasil e para a Igreja". O papa olhou para Dom Evaristo e disse: "Senhor arcebispo, a sua opinião é também a minha".[1]

Paulo VI, pessoa de profunda sensibilidade humana e de intensa vivência evangélica, percebia que Dom Helder lhe revelava traços de Jesus Cristo. Para ele, Helder era um

---

[1]   TV SENADO, "Dom Hélder (parte 1)" [acesso 15.5.2009].

Dom[2] para a Igreja e para o Brasil, e um dos grandes vultos da humanidade, ao lado de Gandhi e Martin Luther King. Alguém que tinha a força da humildade, um coração cheio de amor, um incapacitado para odiar, um missionado para pregar a justiça e o amor como caminho para a paz.[3] Dom Helder era um verdadeiro amigo espiritual!

1. Helder e João Batista: uma história de vida semelhante

Roma, Ano Santo de 1950. O conselheiro da Nunciatura Apostólica do Brasil, Monsenhor Helder Camara, foi a Roma levando uma proposta da ACB – Ação Católica Brasileira, abalizada pelo Núncio Apostólico Dom Carlo Chiarlo, ao subsecretário do Papa Pio XII, Monsenhor João Batista Montini.

Monsenhor Helder, 41 anos, natural de Fortaleza, Ceará, era filho de um jornalista que trabalhava como vendedor e de uma professora. Quando seminarista, no Seminário da Prainha, foi muito estimado por sua inteligência e pela enorme facilidade em literatura. Em Fortaleza viveu os seus primeiros anos de padre, tendo uma atuação bastante polêmica devido as suas afinidades com o integralismo brasileiro.[4] Desde 1936, residiu e atuou no Rio de Janei-

---

[2] Desde a década de 1950, o povo começou a chamá-lo de "o Dom": "o meu povo descobriu que 'Dom' é uma fineza, delicadeza... Então, eles nem me chamam 'Dom Hélder'. Imagine! É como se eu fosse um Dom de Deus!" (TV SENADO, "Dom Hélder (parte 1)" [acesso 15.5.2009]).

[3] N. PILETTI; W. PRAXEDES, *Dom Hélder Câmara: entre o poder e a profecia*, p. 429.

[4] I. A. RAMPON, *O caminho espiritual de Dom Helder Camara*, pp. 38-63.

ro, onde viveu um processo de conversão iniciado com o seu afastando do integralismo e com a sua aproximação às teorias do humanismo integral e do desenvolvimento integral. Nesse período, passou por uma forte experiência mística, sendo muito influenciado pelo testemunho de São Francisco de Assis e pela espiritualidade da AC. Em 1946, o cardeal do Rio de Janeiro, Dom Jaime Câmara, que tanto apreciava o padre cearense a ponto de desejá-lo como bispo auxiliar, o nomeou para acompanhar a Semana Nacional da ACB e, em 1947 o nomeou assistente eclesiástico da ACB.[5]

No final de 1948, tendo em vista os bons resultados que vinha adquirindo na organização do Secretariado Nacional da ACB, bem como as boas relações com o episcopado, o Núncio Apostólico do Brasil, Dom Carlo Chiarlo, resolveu convidá-lo para ser conselheiro da Nunciatura. Dom Chiarlo, na ocasião, queixou-se que, até então, não havia tido sucesso com os seus conselheiros, mas que agora parecia ter acertado.[6] Para o recém-titulado Monsenhor Helder, o convite representava uma verdadeira honra, mas também uma oportunidade de realizar um sonho de lideranças da ACB, ou seja, criar uma conferência de bispos que fosse capaz de analisar os problemas nacionais e

---

[5] Ibid., pp. 79-83.

[6] H. CAMARA, "A CNBB nasceu assim", *Sedoc* 10, (1978) 803-805; ID. Dom Helder Câmara racconta la sua vita. In: R. BORRGEON, *Il profeta del Terzo*, p. 237; ID. *Le conversioni di un vescovo*, p. 140; ID. *Chi sono io?*, p. 29; M. de CASTRO, *Dom Helder: misticismo e santidade*, p. 84; G. WEIGNER, *Helder Câmara: la voce del mondo senza voce*, p. 42; J. de BROUCKER, *Helder Camara: la violenza di un pacifico*, p. 22; J. CAYUELA, *Hélder Câmara – Brasil: ¿un Vietnam católico?*, pp. 160-161; B. T. de RENEDO, *Hélder Câmara: proclamas a la Juventud*, pp. 14-15.

colaborar para criar uma *ordem evangélica* na sociedade brasileira.[7] Helder também queria que fossem oferecidos bons textos aos bispos, escritos por especialistas, a fim de ajudá-los a tomarem as melhores decisões diante dos problemas. Dom Chiarlo apoiava estas ideias e, no final do Ano Santo, encaminhou Monsenhor Helder ao subsecretário de Estado de Pio XII, Monsenhor Montini, a fim de que lhe apresentasse a proposta da ACB.[8]

Na ocasião, Montini estava com 53 anos e contava com uma história de vida muito semelhante ao longínquo padre brasileiro. A história de ambos é análoga em muitos aspectos familiares, estudantis, eclesiásticos e espirituais, em que pese a distância geográfica e cultural entre Itália e Brasil.

Montini era natural de Concesio, da região da Lombardia, Itália. Da mesma forma que Helder, vinha de uma família onde os estudos eram muito apreciados. Seu pai era advogado e ingressou na militância social em prol dos pobres, também exercendo a função de jornalista. Sua mãe era dona de casa... O menino João Batista, de saúde frágil, era muito inteligente, sendo elogiado pelos seus professores jesuítas. Depois da ordenação sacerdotal, foi enviado para estudar na Pontifícia Universidade Gregoriana, em Roma (1920) e, em 1922, foi transferido para a Academia de Estudos Eclesiásticos, a fim de estudar diplomacia e continuar seus estudos de Direito Canônico. Enviado para

---

[7]   B. T. de RENEDO, *Hélder Câmara: proclamas a la Juventud*, pp. 14-15.

[8]   H. CÂMARA, *Chi sono io?*, p. 29; N. PILETTI; W. PRAXEDES, *Dom Hélder Câmara: entre o poder e a profecia*, pp. 178-180. Dom Chiarlo havia escrito uma carta a Montini recomendando o sacerdote brasileiro.

Varsóvia como adjunto da Nunciatura Apostólica da Polônia (1923), precisou voltar por causa do inverno severo que debilitou ainda mais a sua frágil saúde. Então, começou a atuar num escritório da Secretaria de Estado do Vaticano, onde permaneceu por trinta anos.[9] Foi nomeado professor da Academia de Estudos Eclesiásticos e capelão da Federação de Estudantes Universitários Católicos Italianos, uma tarefa que lhe permitiu uma visão mais aberta em relação à questão social e política, em sintonia com as teorias do humanismo integral e do desenvolvimento integral.

Em 1937, Montini foi nomeado substituto para assuntos correntes pelo secretário de Estado, o Cardeal Pancelli, a quem acompanhou no Congresso Eucarístico Internacional de Budapeste, em 1938. No ano seguinte, Pancelli foi eleito papa. Pio XII confirmou Montini no mesmo cargo, nomeando o Cardeal Luiz Maglione como novo secretário. Maglione faleceu em 1944, e Montini continuou a desempenhar o seu papel, porém, agora ligado diretamente a Pio XII. Durante a Segunda Guerra Mundial, o sacerdote Lombardo fez um amplo trabalho de assistência e cuidado aos refugiados políticos, crescendo em espírito pacifista.

Foi nesta situação de uma pessoa diretamente ligada a Pio XII que, certo dia, recebeu um sacerdote brasileiro que lhe trazia uma proposta, abalizada pelo Núncio Apostólico Dom Carlo Chiarlo. Deste encontro, acontecido no Ano Santo, nasceria uma profunda amizade espiritual.

---

[9] "Pope Paul VI (1963-1978), Biografhy" [acesso em 2.7.2014].

2. "Não, eu não aspiro a nada: quero apenas servir à Igreja e ao meu país"

Helder havia viajado para Roma, levando consigo as dezoito teses da ACB – o contributo brasileiro ao Congresso Mundial para o Apostolado Leigo. No final do texto, estava o persuasivo apelo: "Mas tudo isso será inútil, se não tivermos uma assembleia de bispos do Brasil que anime, impulsione e controle toda a pastoral do país...".

Chegando ao Vaticano, Helder foi logo recebido e, em francês, expôs a ideia da criação da assembleia dos bispos. Montini o escutou e não falou quase nada. Disse, apenas, que a decisão iria depender da Cúria e do próprio papa. Por fim, anotou em uma agenda pessoal o local e o telefone onde o monsenhor brasileiro estava hospedado. Como os dias passaram e Montini não entrara em contato, Helder começou a temer pelo resultado negativo da iniciativa. Porém, no dia 20 de dezembro, ao voltar da missa, encontrou o recado: "o encontro será dia 21, às 13 horas".[10]

Ao acordar para a vigília[11] daquela noite fria de Roma, o sacerdote brasileiro percebeu que seus ouvidos estavam

---

[10] Circular 33 de 10/11.10.1964; H. CÂMARA, *Chi sono io?*, pp. 29-30; M. de CASTRO, *Dom Helder: misticismo e santidade*, pp. 85-93; N. PILETTI; W. PRAXEDES, *Dom Hélder Câmara: entre o poder e a profecia*, pp. 180-181; J. de BROUCKER, *Helder Camara: la violenza di un pacifico*, pp. 22-25; B. T. de RENEDO, *Hélder Câmara: proclamas a la Juventud*, pp. 15-16.

[11] Antes de ser ordenado presbítero, Helder decidiu que, como sacerdote, não se deixaria engolir pela vida, mas transformaria tudo em oração (H. CÂMARA, *Chi sono io?*, p. 22; J. CAYUELA, *Hélder Câmara – Brasil: ¿un Vietnam católico?*, p. 160). Faria encontros com Deus para salvar a unidade. Geralmente, ele ia dormir por volta das 23 horas e o despertador tocava às 2 horas. Para ele, este primeiro sono o liberava do cansaço e, então, levantava e ficava até às 5 horas rezando, escrevendo cartas, circulares e

sangrando. Sentiu um pouco de dor. Rezou. De manhã, quando o seminarista Kerginaldo Memória chegou para assisti-lo na missa, descobriu que estava surdo. Recorreu, então, a seu anjo da guarda:[12] "José, hoje eu tenho um encontro com Montini. Se esta ideia de uma assembleia de bispos é uma invenção pessoal, se tenho segundas intenções, então que não ouça nada e que ele não entenda o meu francês! Mas, se verdadeiramente é uma ideia importante, peço-lhe duas graças: ouvir Montini e conseguir transmitir-lhe minha mensagem". Após a missa, o seminarista o levou a um hospital e foi diagnosticado: princípio de ruptura dos tímpanos, sem garantia de que voltaria a ter audição normal.[13]

Monsenhor Helder continuou rezando para seu anjo da guarda e, depois do almoço, foi ao Vaticano. Explicou aos funcionários da portaria que tinha um colóquio privado com Monsenhor Montini, mas os dois funcionários começaram a rir e disseram que ele estava enganado: era impossível um colóquio no dia 21 de dezembro.[14] Helder chegou até a pensar que tinha sido vítima de um trote telefônico de

---

meditações, preparando homilias e discursos, lendo textos espirituais (I. A. RAMPON, *O caminho espiritual de Dom Helder Camara*, pp. 305-312).

[12] H. CÂMARA, *Chi sono io?*, p. 30; N. PILETTI; W. PRAXEDES, *Dom Hélder Câmara: entre o poder e a profecia*, pp. 181-182; B. T. de RENEDO, *Hélder Câmara: proclamas a la Juventud*, p. 15. Dom Helder era devoto dos santos anjos, especialmente do seu anjo da guarda, a quem chamava de "José" (I. A. RAMPON, *O caminho espiritual de Dom Helder Camara*, pp. 352-359).

[13] H. CAMARA, *O Evangelho com Dom Hélder*, 21-22; ID. *Le conversioni di un vescovo*, 141-142; M. de CASTRO, *Dom Helder: misticismo e santidade*, p. 89.

[14] No livro *Chi sono io?* Dom Helder acrescenta que não queriam deixá-lo passar porque não estava com roupa vermelha (de monsenhor) (H. CÂMARA, *Chi sono io?*, p. 31).

algum amigo, mas resolveu insistir dizendo que fora Montini que o havia chamado. Como eles não mostraram interesse, apelou dizendo, em italiano, que estava aí porque recebera uma convocação do subsecretário de Estado para uma audiência privada e que, se esta não sucedesse, os funcionários seriam culpados. Um deles resolveu telefonar e ficou surpreso, pois Montini estava esperando o visitante.

A segunda surpresa teve Monsenhor Helder, ao perceber que seus ouvidos permitiram uma ótima conversa com Montini durante os 30 minutos. Montini, então, pediu desculpas pela demora, mas justificou dizendo que fizera uma análise detalhada do documento da ACB (que estava escrita em português). Helder percebeu que quase todas as teses estavam sublinhadas. Havia alguns pontos que desejava mais explicações, mas não houve nenhuma divergência. E o subsecretário de Estado lhe disse: "Monsenhor Camara, a ideia de uma assembleia dos bispos do Brasil me convenceu. Temos de criá-la. Entretanto, tenho uma dúvida...". E para captar os motivos que teriam levado um monsenhor a querer uma assembleia nacional dos bispos, diplomaticamente, perguntou: "Se não entendi mal, trata-se de uma assembleia de bispos. Conforme tudo o que li nestes relatórios, o homem-chave para dirigi-la é o senhor, mas o senhor não é bispo. E então?". Helder, percebendo onde o subsecretário queria chegar, também com diplomacia, respondeu: "Por favor, Monsenhor Montini, acho que não entendi muito bem. Tenha a bondade de expor-me seu pensamento com mais clareza".[15]

---

[15] N. Piletti; W. Praxedes, *Dom Hélder Câmara: entre o poder e a profecia*, pp. 183-184; H. Câmara, *Chi sono io?* 31; Id. *Le conversioni di un vescovo*, pp. 140-143.

Montini, então, expôs que, por tudo o que havia lido, o secretário deveria ser Monsenhor Helder, mas ele não era bispo. Logo... Mas, neste momento, Helder, usou um argumento irrefutável:

Excelência, sou um simples sacerdote e assim quero continuar sendo até que Deus queira. Por outro lado, a história do Vaticano nos dá exemplos luminosos de simples sacerdotes que chegam a ocupar os cargos mais delicados e importantes da Igreja. Talvez o melhor exemplo seja de vossa excelência: um simples sacerdote que o Santo Padre quis colocar na direção da secretaria de Estado. E eu, outro simples sacerdote, aqui estou chamando-o de excelência e rendendo-lhe o respeito e a admiração que merece. Não, eu não aspiro a nada: quero apenas servir à Igreja e a meu país. Acredita-me. Perdoa-me, Monsenhor Montini, mas o senhor é o único que não tem o direito de manifestar esta desconfiança, esta dúvida. Se Nosso Senhor se serve do seu trabalho na secretaria de Estado, a serviço do Santo Padre, para ser o elo de ligação entre todos os bispos do mundo, por que não poderia eu, sem ser bispo, servir igualmente a Cristo e à sua Igreja sendo o elo de ligação de um pequeno grupo de bispos, em um pequeno rincão do mundo?[16]

Montini sorriu e comprometeu-se a dar pleno apoio à iniciativa. Mas alertou que o sacerdote brasileiro precisava tomar muito cuidado. Então lhe mostrou uma pequena publicação, a revista *Juventude*, editada por algumas moças que o auxiliavam no secretariado da ACB, a qual chegara ao Vaticano sublinhada em vermelho e com grandes pontos de interrogação, enviada por autoridades brasileiras

---

[16] N. PILETTI; W. PRAXEDES, *Dom Hélder Câmara: entre o poder e a profecia*, p. 184; H. CÂMARA, *Chi sono io?* pp. 31-32; I. A. RAMPON, *O caminho espiritual de Dom Helder Camara*, pp. 87-88.

sugerindo alguma necessidade de censura à publicação, em razão de excesso de modernismo.[17] Tal "aviso", no entanto, não deixou de contribuir para fortalecer a amizade que estava nascendo e que nunca conheceu interrupção...

Helder Camara deixou com Montini o primeiro esboço da estrutura jurídica da Assembleia dos Bispos do Brasil. O Monsenhor brasileiro teve a impressão de que o anjo José lhe deu a audição para aquela conversa, pois, ao sair, não escutava mais nada. Mesmo proibido por médicos, porque poderia perder definitivamente a audição, logo voltou ao Brasil.

3. Com a amizade, nasce um excelente fruto: a CNBB

Nos meses seguintes, no entanto, não aconteceu nenhuma conversa importante entre a Santa Sé e a Igreja no Brasil. Dom Chiarlo sugeriu que Helder voltasse a Roma a fim de descobrir pessoalmente o que estava acontecendo. Para não parecer cobrança, o monsenhor faria parte de uma delegação de quinze leigos que iriam participar do Congresso Mundial do Apostolado Leigo, em outubro de 1951.

Quando chegou à Secretaria de Estado, Helder estava preparado para ouvir o pior, mas o subsecretário foi logo dizendo "estamos com dívida para com o Brasil. Dentro de dois meses a Conferência dos Bispos do Brasil estará

---

[17]   N. PILETTI; W. PRAXEDES, *Dom Hélder Câmara: entre o poder e a profecia*, pp. 184-185.

criada".[18] A autorização de Montini chegou dentro do prazo e a instalação oficial da CNBB – Conferência Nacional dos Bispos do Brasil – foi marcada para ocorrer no Palácio São Joaquim, no dia 14 de outubro de 1952.[19]

Antes da data, Helder preparou uma sólida base para a Conferência, organizando encontros com os prelados da Amazônia e do Vale do São Francisco. Ele contava, para isso, com a estrutura da ACB, o apoio do Núncio e dos cardeais de São Paulo e Rio de Janeiro. Nesse período, no entanto, Helder será nomeado bispo titular de Salde, norte da África, e auxiliar do Cardeal Jaime Câmara.[20] É muito provável a indicação favorável de Montini para esta nomeação episcopal!

A fundação da CNBB contou com a presença do Núncio Apostólico, dos dois cardeais brasileiros e de vinte bispos e arcebispos que, na ocasião, deram sugestão para o regulamento da entidade. Para a Comissão Permanente foram eleitos Dom Vicente Scherer, Dom Mário Miranda Vilas Boas e Dom Antônio Morais de Almeida Júnior e os dois cardeais, membros de direito. Os dois cargos mais importantes ficaram com o Cardeal Carlos Carmelo de Vasconcelos Motta e Dom Helder Camara, respectivamente, presidente e secretário da nova entidade.[21] Faziam parte do

---

[18] Ibid., p. 186; H. CÂMARA, *Chi sono io?*, p. 32. Nesta oportunidade Helder sugeriu a Montini uma Conferência Continental (ID. *Le conversioni di un vescovo*, pp. 143-145).

[19] "A história de Dom Helder Câmara" [acesso 15.5.2009]. Por inspiração francesa, foi chamada de conferência, ao invés de assembleia.

[20] I. A. RAMPON, *O caminho espiritual de Dom Helder Camara*, pp. 89-91.

[21] "Ata da Assembleia de Fundação da CNBB", *Sedoc* 54 (1972), pp. 561-565. Dom Helder será o secretário da entidade até 1964, quando mudará

secretariado-geral os secretariados nacionais para a educação, ação social, ensino religioso, seminários e vocações sacerdotais, apostolado leigo e a Liga Eleitoral Católica. A reunião ordinária foi marcada para 17 a 20 de agosto de 1953, em Belém, e os temas principais seriam a posição da Igreja diante da reforma agrária e a migração, e a ação dos leigos na sociedade, ou seja, na agenda dos bispos, aparece claramente a preocupação diante dos problemas sociais do país.[22] Importante ressaltar, portanto, que os primeiros assuntos da CNBB não foram questões secundárias, mas temas importantíssimos, ou seja, a necessidade da reforma agrária e a resposta para a questão da migração, bem como a ação dos leigos na sociedade brasileira a fim de construir uma sociedade justa e fraterna, de acordo com os ensinamentos evangélicos.

Portanto, Dom Helder fundou a CNBB, antes de tudo, porque captou e deu corpo ao desejo existente de unificação episcopal a fim de ajudar a Igreja e o Brasil. Almejava-se uma Igreja com espiritualidade encarnada e, por isso, engajada e colaboradora na busca de soluções evangélicas – justas e fraternas – para os problemas da política social brasileira. Para que isto se efetivasse, foi importante o apoio da secretaria de Estado do Papa Pio XII, na pessoa de Montini. Três aspectos merecem destaques no tocante à fundação da CNBB:

---

o cenário político do país e, de certo modo, também o da CNBB (N. PILETTI; W. PRAXEDES, *Dom Hélder Câmara: entre o poder e a profecia*, pp. 193-196).

[22] M. CONDINI, *Dom Helder Camara: um modelo de esperança*, pp. 18-23.

1) a Conferência nasce por obra de um místico. Antes de ser o seu fundador, Dom Helder era um místico. Ela é fruto de uma profunda experiência de Deus que o Dom estava efetivando em sua vida. Retomar a *mística inicial* será sempre um desafio à entidade;

2) houve uma descentralização do poder. A presidência ficou com o Cardeal Motta, de São Paulo, que era um homem de ideias mais avançadas em relação ao cardeal do Rio de Janeiro. As autoridades eclesiásticas foram valorizadas e respeitadas e deram um belo exemplo quando quiseram contar com o trabalho dos membros dos secretariados – e é bom ressaltar que a maioria eram mulheres – que, de fato, foram centros operantes e propulsores da história nascente da CNBB;

3) a Conferência nasceu com uma linha aberta, progressista e avançada. Dom Helder levou para trabalhar no secretariado da CNBB as mesmas personalidades que o ajudaram a criar o secretariado da ACB, ou seja, pessoas capazes, dedicadas, progressistas, que escreviam uma das mais belas páginas da Igreja Católica na América Latina.[23]

No dizer de Marcos de Castro, "Dom Helder foi um pioneiro mundial, pois a CNBB nasceu de uma tese elaborada por ele antes que houvesse qualquer coisa semelhante em outros países".[24] E Comblin destaca que,

---

[23] L. A. G. de Souza, *A JUC: os estudantes católicos e a política*, pp. 63-64; I. A. Rampon, *O caminho espiritual de Dom Helder Camara*, pp. 91-93.

[24] M. de Castro, *Dom Helder: misticismo e santidade*, p. 84; Id. 64: *Conflito Igreja X Estado*, pp. 66-69.

Dom Helder quis a CNBB, porque queria bispos engajados nos problemas sociais do Brasil. Sabia que os bispos, isolados em comunhão bilateral somente com a Santa Sé, nunca teriam condições para tomar posições firmes e claras diante das situações da sociedade brasileira [...]. No mundo católico, a CNBB tem uma fisionomia bem particular, que não decorre de textos jurídicos, e sim da sua história. Não é uma Conferência episcopal semelhante às outras. Ela é a CNBB. Quem fez a CNBB foi Dom Helder. Ele formou e animou durante 12 anos o secretariado-geral, fazendo dele e dos diversos departamentos um centro ativo, um motor, um centro de iniciativas e de divulgação no Brasil inteiro.[25]

4. Uma amizade abençoada

No final de 1952, Dom Helder realizou a primeira viagem a Roma, depois de eleito bispo, para comunicar a Monsenhor Montini o êxito da assembleia de fundação da CNBB e conversar sobre passos futuros. Na conversa, ficou evidente a consolidação de uma grande amizade.

Quando Dom Helder se despediu, Monsenhor Montini apressou-se, impediu que a porta fosse aberta e fez-lhe um pedido inesperado: "Agora, me dê sua primeira bênção de bispo". Dom Helder ficou embaraçado e quis retribuir o gesto de humildade do monsenhor: "Está bem! Dar-lhe-ei minha primeira bênção de bispo. Mas, como já o vejo vestido de branco, quero receber depois sua primeira bênção de papa". Monsenhor Montini, perturbado, resistiu ao pedido, mas, devido à insistência de Dom Helder,

---

[25] J. COMBLIN, Dom Helder e novo modelo episcopal no Vaticano II. In: M. B. POTRICK, *Dom Helder, pastor e profeta*, pp. 27-28.

cedeu: "Também darei a bênção, mas não de papa".[26] Os dois se abençoaram e, ajoelhados e abraçados, rezaram o Pai-Nosso.

Onze anos depois, a previsão de Dom Helder se realizaria, e esta "foi a única bênção dada pelo 'Papa Paulo VI', antes de ser Paulo VI".[27] Eleito papa, Paulo VI, com muita alegria, disse ao amigo brasileiro: muito obrigado, Dom Helder, "pela nossa Conferência dos Bispos. Chamo-a assim porque a vimos nascer, a ajudamos a nascer. Deus e eu sabemos quanto ela lhe deve...".[28]

---

[26] N. PILETTI; W. PRAXEDES, *Dom Hélder Câmara: entre o poder e a profecia*, p. 198.

[27] M. de CASTRO, *Dom Helder: misticismo e santidade*, p. 94.

[28] Circular 15 de 14.3.1964.

CAPÍTULO II

Amizade com amplos horizontes

> Não esquecerei jamais nossa visita à favela.
> Que alegria ter o bispo no meio do povo,
> cercado pelo amor dos pobres.
>
> *Paulo VI*

A amizade espiritual se abre para horizontes mais vastos, pois os amigos revelam traços de Jesus. Foi o que aconteceu com Helder e Montini: os dois dedicavam-se ao Projeto de Deus e, por isso, esforçavam-se e labutavam para que a Igreja vivesse intensamente o Evangelho de Jesus e a paz e o bem se espalhassem por todas as nações. Assim, abalizada em tão maravilhoso projeto, a amizade que nasceu naquele Ano Santo e que não parou de crescer nos anos sucessivos era permeada de confiança, apoio mútuo, compreensão, oração e comunhão de ideal.

De fato, Helder compreendia profundamente a Montini, e vice-versa. Quando distantes, um sentia profunda saudade do outro. Ainda nos anos 1950, quando Helder já era bispo, o Padre João Batista, sabendo que o amigo estava em Roma, dirigia-se até o Pontifício Colégio Pio Brasileiro para acolitá-lo durante a missa.[1] Era uma maneira de "saborear" a presença do amigo, tal como fizera Santa Escolástica com São Bento, antes da irmã-amiga partir para o céu.[2] Certamente, não se tratava de um gesto egoístico, pois a amizade espiritual é aberta ao plano salvífico na face da terra. Por causa do Evangelho, Dom Montini será conhecido como "Arcebispo dos Trabalhadores" e, Dom Helder, como "Bispo das Favelas".

1. Amizade espiritual – aberta a horizontes amplos

Roma – Rio de Janeiro, setembro de 1954. Monsenhor Montini despede-se do seu colega e amigo Armando Lombardi, que se tornará o Núncio Apostólico do Brasil, substituindo Dom Carlo Chiarlo. Há onze anos, trabalhavam juntos. Ele era o responsável pelo setor América Latina e um dos mais importantes diplomatas da Santa Sé. Dom Armando irá habitar no Rio de Janeiro, cidade onde Helder Camara era bispo auxiliar e secretário da CNBB. O subsecretário do Estado do Vaticano recomendou a Dom Lombardi: "No Brasil, você terá muitos amigos. Mas o *seu* amigo deverá ser dom Helder Camara".[3]

---

[1] C. Isnard, Dom Helder e a Conferência dos Bispos. In: Z. Rocha, *Helder, o Dom. Uma vida que marcou os rumos da Igreja no Brasil*, pp. 98-99.

[2] G. Magno, *Dialoghi*, II, XXIII.

[3] Circular 11 de 4/5.5.1964; I. A. Rampon, *O caminho espiritual de Dom Helder Camara*, pp. 100-104.

Chegando ao Brasil, o novo Núncio logo se tornou amigo e companheiro de Dom Helder. Os dois agiam em sintonia e se encontravam aos sábados, por volta das 11 horas – algo "sagrado". Esta unidade de pensamento e ação exerceu influência na escolha dos novos bispos, mas também serviu de motivo para alguns sacerdotes acusarem Dom Helder de servir-se da familiaridade com o Núncio para promover seus amigos ao episcopado.[4] No Congresso Eucarístico Internacional do Rio de Janeiro, em 1955, do qual Dom Helder era o organizador-geral, Dom Armando muito colaborou para trazer grandes dignitários católicos do mundo ao evento.[5]

Durante a preparação do Congresso Eucarístico, Dom Helder recebeu uma carta de Montini, parabenizando-o pelo bom trabalho e afirmando que estava na hora de se pensar em uma convocação para a primeira assembleia latino-americana dos bispos – sugestão que Dom Helder lhe apresentara. Esta poderia ser realizada no Rio de Janeiro, logo depois e como primeiro fruto do Congresso Eucarístico. Montini, em nome de Pio XII, encarregou Dom Helder e Dom Larraín de organizá-la.[6]

Dom Lombardi, sempre um grande amigo de Dom Helder, colaborou intensamente para a primeira Conferência Geral do Episcopado Latino-Americano, que aconteceu de

---

[4]   N. PILETTI; W. PRAXEDES, *Dom Hélder Câmara: entre o poder e a profecia*, pp. 222-223.

[5]   Ibid., pp. 223-224.

[6]   H. CAMARA, *Le conversioni di un vescovo*, p. 144. Foi Monsenhor Helder Camara que sugeriu a Monsenhor Montini, em outubro de 1951, a criação de uma assembleia episcopal latino-americana. Helder soube que a ideia muito agradara a Pio XII.

25 de julho a 4 de agosto de 1955, no Rio de Janeiro, na qual foi criado o CELAM – Conselho Episcopal Latino-Americano – com o intuito de contribuir para transformar a ação pastoral em uma resposta aos desafios vindos do subdesenvolvimento econômico. Dom Helder ofereceu à nova entidade a experiência da CNBB e as boas relações com o Vaticano, especialmente com a secretaria de Estado.[7] O CELAM, a primeira articulação de uma hierarquia católica em nível continental, foi de suma importância nos rumos do Vaticano II[8] e preparou a "geração Medellín".[9] Dom Helder e Dom Larraín foram os fundadores do CELAM, contando com a força amiga de Dom Lombardi e Dom Montini, entre outras.

Ainda em 1954, Dom Lombardi apoiou Dom Helder na organização de um encontro informal entre alguns bispos representantes da América Latina e da América do Norte, a fim de analisarem juntos os problemas comuns da Igreja, no continente. Novamente, Dom Montini foi entusiasta do projeto e possibilitou a primeira e única audiência privada de Dom Helder com o Papa Pio XII. Dom Helder disse ao papa:

> Santo Padre, permita-me que lhe apresente uma sugestão. O senhor sabe que as Américas têm problemas comuns. Se o

---

[7] H. CAMARA, Dom Helder Câmara racconta la sua vita. In: R. BOURGEON, *Il profeta del Terzo Mondo*, p. 238; ID. *Le conversioni di un vescovo*, p. 144; N. PILETTI; W. PRAXEDES, *Dom Hélder Câmara: entre o poder e a profecia*, pp. 224-225.

[8] H. CAMARA, *Le conversioni di un vescovo*, pp. 174-175.

[9] J. COMBLIN, Dom Helder e novo modelo episcopal no Vaticano II. In: M. B. POTRICK, *Dom Helder, pastor e profeta*, pp. 30-32.

Paulo IV e Dom Helder Camara 39

senhor puder então apoiar um pequeno encontro, que eu imaginaria em Washington, entre seis bispos dos Estados Unidos, seis do Canadá e seis da América Latina... E deixa-me dizer claramente que não se trataria de pedir dinheiro ou pedir padres. Não. Tratar-se-ia unicamente de começar a estudar em comum os problemas das Américas. Há entre nós, Santo Padre, na América Latina, problemas que nunca poderão ser resolvidos sem a compreensão e a colaboração efetiva de nossos irmãos da América do Norte. É necessário conseguir que os bispos americanos e canadenses tenham a coragem de tomar consciência das injustiças que esmagam o continente latino-americano e de mobilizar a força espiritual que representa a Igreja na América do Norte...[10]

Pio XII aceitou a sugestão e condicionou a sua decisão à concordância de Montini e Tardini, seus assessores diretos. Quando Helder falou com Tardini, percebeu que este já tinha conhecimento do projeto, e não só apoiou, mas também o encorajou na execução. Porém, os bispos norte--americanos não simpatizaram com a proposta, pensando que era uma maneira de pedir dinheiro. Devido a isto, a reunião aconteceu quatro anos depois, já no pontificado de João XXIII, em Washington, nos dias 2 e 3 de novembro de 1959.

O encontro foi embaraçoso, não só porque Dom Helder tirou a batina e pela primeira e última vez usou o *clergyman*,[11] nem só porque, durante a reunião, não conseguia entender e se expressar bem em inglês, mas por causa de uma proposta-surpresa da Santa Sé. Monsenhor Antonio

---

[10] N. PILETTI; W. PRAXEDES, *Dom Hélder Câmara: entre o poder e a profecia*, p. 225.

[11] Ibid., pp. 225-226; H. CAMARA, *Le conversioni di un vescovo*, pp. 143-147.

Samoré, presidente do CAL – Conselho Pontifício para a América Latina –, criado pelo Vaticano em abril de 1958, resumiu a proposta em dois pontos que logo foram aprovados, apesar do brado de aflição de Dom Helder, a saber: um milhão de dólares por ano, durante dez anos, para ajudar a América Latina e, ao longo dos dez anos, o envio de 10% de líderes leigos, religiosas e padres.

Dom Helder reagiu, dizendo que o pedido de dinheiro não fazia parte da agenda, e, sim, a reflexão sobre a superação das injustiças... Depois deste episódio, os dois bispos romperam relações. Foi necessário que Dom Armando Lombardi conseguisse uma intervenção de Paulo VI, em 1964, para amenizar a tensão.[12] Apesar de tudo, no final, o resultado teve seu lado positivo: até 1968, a CAL designará 3.391 padres, religiosas, religiosos, leigas e leigos norte-americanos para atuar na América Latina.[13]

---

[12] Circular 46 de 19/20.10.1964. Em diversas circulares, Dom Helder revela seu sofrimento devido a essa tensão com Dom Samoré, a qual não desejava. Ele queria, no entanto, que Samoré tivesse uma "visão objetiva e sobrenatural" como Lombardi, Suenens, Alfrink...

[13] Para Dom Helder, mais do que enviar verbas para o Terceiro Mundo, era necessário conscientizar as pessoas que habitavam no mundo desenvolvido, a fim de que tivessem uma nova hierarquia de valores, uma nova visão de mundo, uma nova estratégia global de desenvolvimento. Quando Paulo VI escreveu a *Populorum Progressio*, o arcebispo aperfeiçoou sua visão, ou seja, estava de acordo com o Santo Padre, o qual reclamava a justiça entre os países desenvolvidos e subdesenvolvidos, embora tenha apelado à generosidade dos ricos aos pobres. Dom Helder compreendeu que se tratava de realismo: "o Santo Padre sabe bem que a justiça demorará... No entretempo, não se pode mandar em férias a caridade" (J. de BROUCKER, *Helder Camara: la violenza di um pacifico*, pp. 133-134).

2. O Arcebispo dos Trabalhadores e o Arcebispo das Favelas

Itália, 1955. Dom Montini assume a missão de arcebispo de Milão, sem o título de cardeal, no dia 5 de janeiro. Chegou à cidade em um dia tempestuoso. Desceu do carro e banhou-se na chuva, pois, se as ovelhas estão na chuva, "o pastor também precisa estar na chuva".[14] Antes de ingressar na catedral, beijou o solo da cidade. Nos dias seguintes, visitou favelas onde moravam migrantes, pobres e operários. Também visitou fábricas, tomando a defesa da classe trabalhadora que estava sendo explorada. Por causa disso, recebeu a alcunha de Arcebispo dos Trabalhadores.[15]

Desde o início de seu pastoreio, Montini tomou a firme decisão de revitalizar a arquidiocese, de ir às periferias, de não pregar apenas uma mensagem religiosa, mas o Evangelho integral, inclusive a dimensão social deste. Dedicou-se à educação católica, recebendo o apoio da imprensa católica. Seu impacto sobre a cidade foi muito grande, sendo admirado por muitos, mas também levantando reticências nos círculos mais conservadores.

Brasil, 1955. Dom Helder foi o grande organizador do XXXVI Congresso Eucarístico Internacional, sediado no Rio de Janeiro. O Congresso era o evento de encerramento do Ano Litúrgico. Antes do Congresso, porém, o bispo brasileiro mostrou a sua extraordinária capacidade

---

[14] "Paulo VI: um papa em meio à tempestade" [acesso 1.6.2014].

[15] G. WEIGNER, *Helder Câmara: la voce del mondo senza voce*, pp. 22-23; N. PILETTI; W. PRAXEDES, *Dom Hélder Câmara: entre o poder e a profecia*, pp. 220-221.

de envolver pessoas na organização de um megaevento religioso.[16]

Pastor zeloso e espirituoso, durante a preparação do evento, para não cair no ativismo, uma ou duas vezes por mês Dom Helder reunia a equipe organizadora para uma missa seguida de uma meditação proferida por ele. Devido a sua excelente relação com as famílias mais ricas da cidade, conseguiu pratas, pérolas, pedras preciosas, alimentos... para o caixa do Congresso, e passou a receber visitas de bispos de todo o país, em que pese a quantidade de trabalhos. Também fazia conferências, participava de programas de televisão, sendo muito convidado devido à sua desenvoltura diante das câmaras, inclusive em programas de auditório. Ainda procurava atender a todos que lhe pediam para *administrar* batizados e assistir a matrimônios, pois se tornara status tê-lo como *celebrante*... A amizade com Roberto Marinho lhe permitiu, no final dos anos 1950, fazer o programa "O pão nosso de cada dia" na Rádio Globo. O Cardeal Jaime, contente com seu auxiliar, resolveu promovê-lo a arcebispo auxiliar do Rio de Janeiro, em 2 de abril de 1955 – depois do falecimento de Dom Rosalvo Costa Rego, que passara por uma longa enfermidade.[17]

O Congresso Eucarístico Internacional, acontecido nos dias 17 a 24 de junho, foi triunfal, contando com a presença de dezenas de cardeais, centenas de arcebispos e bispos

---

[16] H. CAMARA, *Le conversioni di un vescovo*, pp. 159-161; N. PILETTI; W. PRAXEDES, *Dom Hélder Câmara: entre o poder e a profecia*, pp. 210-211.

[17] N. PILETTI; W. PRAXEDES, *Dom Hélder Câmara: entre o poder e a profecia*, pp. 214-219; I. A. RAMPON, *O caminho espiritual de Dom Helder Camara*, pp. 97-100.

de todo o mundo e uma multidão de participantes. O Congresso teve para a Igreja no Brasil uma grande importância, pois Dom Helder conseguiu movimentar a Igreja no Brasil e a sociedade carioca, inclusive os que não praticavam a fé católica. O evento o consagrou, definitivamente, líder de estatura nacional.[18]

Mas a Providência tinha outros planos para o arcebispo brasileiro. Ele iria partilhar do mesmo caminho que seu amigo Montini estava trilhando em Milão.[19] Após o sucesso e a grande fortuna conseguida para o Congresso Eucarístico Internacional, alguns políticos e jornalistas comentaram que a Igreja tinha grande força e, no entanto, não se empenhava o necessário para colaborar na resolução dos problemas sociais. Para aumentar a inquietude de Dom Helder, uma opinião semelhante tinha o alto dignitário, o Cardeal Gerlier, de Lion, França.[20] Gerlier, que acompanhara os trabalhos do arcebispo auxiliar na organização do Congresso Eucarístico, concluiu que não era razoável que a capacidade desse bispo brasileiro ficasse presa à organização de megaeventos religiosos. Por isso, antes de

---

[18]   G. Weigner, *Helder Câmara: la voce del mondo senza voce*, pp. 22-23; N. Piletti; W. Praxedes, *Dom Hélder Câmara: entre o poder e a profecia*, pp. 220-221.

[19]   I. A. Rampon, *O caminho espiritual de Dom Helder Camara*, pp. 105-111.

[20]   N. Piletti; W. Praxedes, *Dom Hélder Câmara: entre o poder e a profecia*, pp. 232-233; I. A. Rampon, *O caminho espiritual de Dom Helder Camara*, pp. 105-106; J. González, *Helder Câmara: il grido dei poveri*, pp. 80-83; H. Câmara, *Chi sono io?*, pp. 32-33; Id. *Le conversioni di un vescovo*, pp. 61-163; G. Weigner, *Helder Câmara: la voce del mondo senza voce*, p. 43; J. de Broucker, *Helder Camara: la violenza di un pacifico*, p. 25; J. Cayuela, *Hélder Câmara – Brasil: ¿un Vietnam católico?*, p. 162; B. T. de Renedo, *Hélder Câmara: proclamas a la Juventud*, p. 16; N. R. T. Kathen, *Uma vida para os pobres: espiritualidade de D. Hélder Câmara*, pp. 68-69.

retornar à França, quis um colóquio, a fim de elogiá-lo, mas muito mais para lhe lançar um apelo:

> Permita-me falar-lhe como um irmão, um irmão no batismo, um irmão no sacerdócio, um irmão no episcopado, um irmão em Cristo. Você não acha que é irritante todo este fausto religioso em uma cidade rodeada de favelas? Eu tenho certa prática em organização e, por ter participado desse congresso, devo dizer-lhe que você tem um talento excepcional de organizador. Quero que faça uma reflexão: por que, querido irmão Dom Helder, não coloca todo este seu talento de organizador que o Senhor lhe deu a serviço dos pobres? Você deve saber que o Rio de Janeiro é uma das cidades mais belas do mundo, mas também uma das mais espantosas, porque todas essas favelas, neste quadro de beleza, são um insulto ao Criador...[21]

O cardeal sensibilizou Dom Helder, que interpretou aquelas palavras como um novo desafio. Pegando e beijando as mãos do cardeal, disse-lhe: "Este é um momento de virada em minha vida. O senhor poderá ver minha consagração aos pobres. Não estou convencido de possuir dotes excepcionais de organizador, mas todo o dom que o Senhor me confiou colocarei a serviço dos pobres".[22]

A partir daquele dia, as visitas às favelas começaram a ser frequentes e estas se converteram em sua preferência pastoral. Quando bispos e cardeais o visitavam, ele os recebia com grande cordialidade e os levava para um passeio. O principal lugar a conhecer não era mais a Catedral de São Sebastião ou o Corcovado – onde se contempla uma

---

[21] N. PILETTI; W. PRAXEDES, *Dom Hélder Câmara: entre o poder e a profecia*, p. 233.

[22] Ibid.

das paisagens mais belas do mundo –, mas as favelas do Pinto, Jacarezinho, Cantagalo, Cabritos, Saudade, Babilônia, Prazeres, Céu, Cachorrinha...[23] Portanto, aquele que antes frequentara a casa dos ricos, agora começava a frequentar o ambiente dos pobres. As duas experiências se confrontarão no seu coração. Desta tensão, virá novidade!

Não se sabe ao certo, mas calcula-se que o Rio de Janeiro tivesse em torno de 400 a 600 mil pessoas habitando em 150 favelas.[24] Dom Helder pensava que em 10 anos seria possível um Rio de Janeiro sem favelas! Por isso, após a conversa com o Cardeal Gerlier, foi pedir autorização a Dom Jaime para compor um grupo de colaboradores e conseguir apoio do Governo. O Cardeal Câmara prontamente o apoiou dando-lhe todo a madeira utilizada no Congresso Eucarístico. O grupo da ACB, mais uma vez, entrou em ação. Assim, com o objetivo de dar uma solução humana e cristã aos problemas das favelas no Rio de Janeiro, nasceu a Cruzada de São Sebastião, no dia 29 de outubro de 1955.[25] O nome era uma homenagem ao santo que, além de ser o padroeiro da cidade carioca,[26] era um

---

[23] J. González, *Helder Câmara: il grido dei poveri*, pp. 84-85; M. de Castro, *Dom Helder: misticismo e santidade*, pp. 94-99; J. Cayuela, *Hélder Câmara – Brasil: ¿un Vietnam católico?*, p. 163.

[24] Weigner comenta que havia mais de 450 mil habitantes (G. Weigner, *Helder Câmara: la voce del mondo senza voce*, p. 22).

[25] N. Piletti; W. Praxedes, *Dom Hélder Câmara: entre o poder e a profecia*, pp. 233-234; I. A. Rampon, *O caminho espiritual de Dom Helder Camara*, pp. 106-111.

[26] H. Camara, *Le conversioni di un vescovo*, p. 163.

dos preferidos pelos pobres.[27] O projeto prosperou e, em 1959, Dom Helder pôde escrever:

> A Favela da Praia do Pinto era uma das mais tristes das favelas do Rio de Janeiro. Situada na zona sul da cidade, apresentava contraste violento entre os seus 1.400 barracos infectos (sem água, sem luz, sem esgoto, sem o mínimo de condições humanas) e o bairro do Leblon, com seus luxuosos clubes e edifícios imponentes. A Cruzada São Sebastião promoveu a construção, ao lado da favela, da primeira parte do Bairro São Sebastião: 10 edifícios residenciais com 910 apartamentos, escola, igreja, centro social e mercadinho.[28]

A ação de Dom Helder nas favelas o colocou em uma estrada que nunca mais abandonou: a via do empenho para conseguir a justiça social no seu país, na América Latina e no Terceiro Mundo.[29] Era enorme o número de entusiastas de Dom Helder. Jornalistas de *O Cruzeiro* o chamavam carinhosamente "o São Vicente de Paula das favelas".[30] No Vaticano II, Dom Helder já será conhecido mundialmente como o *Bispo das Favelas*!

---

[27] G. WEIGNER, *Helder Câmara: la voce del mondo senza voce*, p. 23.

[28] H. CAMARA, "Dados sobre a Cruzada São Sebastião", *Reb* 19 (1959) 636. A história desta experiência é descrita e analisada com profundidade em uma monografia de Bart Slob. O autor afirma: "Até os dias de hoje, não se realizaram outros projetos semelhantes do mesmo porte" (B. SLOB, "Do barraco para o apartamento: a 'humanização' e a 'urbanização' de uma favela situada em um bairro nobre do Rio de Janeiro", 141 [acesso 3.9.2010].

[29] G. WEIGNER, *Helder Câmara: la voce del mondo senza voce*, p. 23; M. CONDINI, *Dom Helder Camara: um modelo de esperança*, pp. 25-27.

[30] "D. Helder – o S. Vicente de Paula das favelas", *O Cruzeiro*, 5.1.1957; I. A. RAMPON, *O caminho espiritual de Dom Helder Camara*, pp. 111-112.

3. "Só tenho compromisso com o Evangelho"

Ainda em 1955, encarregado pela CNBB, Dom Helder foi convidar Dom Montini, arcebispo de Milão, para pregar em um retiro espiritual de bispos brasileiros. Montini acolheu o amigo com muito carinho e o levou a visitar os túmulos de Santo Ambrósio e São Carlos Borromeu. Nesse momento, Dom Helder nem imaginava que teria uma missão semelhante à de São Carlos Borromeu, que foi pregador do Concílio de Trento, e Camara o será do Vaticano II.[31] Durante o passeio, encontraram um grupo de senhoras da AC que se reuniam na universidade. O arcebispo de Milão pediu a Dom Helder que falasse às senhoras. Pego de surpresa, ele falou em francês, e Montini, no início, fazia a tradução para o italiano, mas depois perceberam que não era necessário...

Antes de almoçarem no Palácio Episcopal, Helder passou por uma grande sala, na qual se impressionou com uma galeria que continha centenas de quadros com retratos dos antecessores de Dom Montini no pastoreio daquela Igreja, desde os primeiros tempos do Cristianismo.[32] O arcebispo de Milão fez, então, um comentário enigmático: "Meus antecessores, na sede episcopal de Milão, todos, sem exceção, foram martirizados. Ser bispo de Milão era sinônimo de martírio". Montini lhe confidenciou, então, que o fardo não estava sendo leve. Sofria pesada carga da parte dos integralistas locais que o chamavam de "arcebispo vermelho"

---

[31] I. A. RAMPON, *O caminho espiritual de Dom Helder Camara*, pp. 362-366.

[32] N. PILETTI; W. PRAXEDES, *Dom Hélder Câmara: entre o poder e a profecia*, pp. 228-229.

ou "arcebispo comunista" – posteriormente, Dom Helder também receberia estes apelidos. O jornalista Marcos de Castro relata que, segundo Dom Helder, Montini lembrou que isso tinha começado no dia em que fora visitar uma fábrica naquele grande centro industrial do norte da Itália. Como faria a visita em companhia dos diretores da fábrica, foi avisado de que seria mal recebido pelos operários. Realmente, num dos pátios da indústria em que era maior o número de trabalhadores, notou que havia grande hostilidade de quase todos, que não desgrudavam os olhos dele, com cara de poucos amigos. O fato de estar ciente de antemão de que haveria hostilidade levou-o a enfrentar a situação rapidamente. Afastou-se inopinadamente dos diretores da fábrica que o acompanhavam e se dirigiu aos operários, erguendo os dois braços e dizendo: "Só tenho compromisso com o Evangelho!". Com essas palavras iniciou um ligeiro mas inflamado discurso, dizendo aos operários, aberta e largamente, tudo que achou que devia ser dito naquele momento. Falou em comentário a Dom Helder, "como cabe a um bispo, a um apóstolo da Igreja de Cristo falar! Tanto bastou para se transformar, em Milão, num 'arcebispo vermelho'".[33]

Depois do almoço, foram rezar na capela. Em seguida, Dom Helder elencou os motivos pelos quais o convidara a pregar em um retiro espiritual aos bispos do Brasil. Sem dúvida, a presença de Dom Helder convenceria mais do que uma carta, mas, mesmo assim, Montini não aceitou, dizendo que seria uma insigne e profunda alegria atender o

---

[33] M. de CASTRO, *Dom Helder: misticismo e santidade*, p. 97.

convite, mas que havia aprendido, ao longo da vida, que há momentos para aparecer e horas de mergulhar, e que estava por completo no mergulho...[34] Talvez, nesse momento, Dom Montini não tenha recordado uma velha frase de sua mãe: "os momentos áridos preparam aqueles fecundos".[35] Dom Helder entendeu a negativa e respeitou a decisão do amigo.

4. Helder, Montini e João XXIII

Roma, 1958. Como a imprensa fizera muita divulgação da agonia de Pio XII, não foi surpresa o anúncio de sua morte na metade de outubro. Durante nove dias, dois milhões de fiéis em luto foram à Basílica de São Pedro. No Brasil, o Presidente Juscelino Kubitschek encomendou uma missa pelo sufrágio do papa, presidida pelo Cardeal Jaime Câmara e assistida por Dom Helder. Estavam presentes muitos membros do Governo, deputados, juízes, diplomatas e chefes das Forças Armadas.

Dom Helder esperava que o novo papa fosse um jovem, que soubesse usar os meios modernos de comunicação, como as redes de televisão, para chegar às grandes massas de católicos e não católicos. Que soubesse compreender o mundo – os dramas da cortina de ferro, da guerra fria,

---

[34] N. PILETTI; W. PRAXEDES, *Dom Hélder Câmara: entre o poder e a profecia*, p. 229. Segundo Piletti e Praxedes, Montini interpretou a perda de seu cargo de subsecretário de Estado do Vaticano como um golpe na sua carreira eclesiástica. Ocupando um cargo equivalente, Dom Eugênio Pancelli credenciara-se para assumir o Sumo Pontificado em 1939, como Pio XII. Portanto, a remoção teria colocado uma sombra em seu futuro (ID., pp. 229-230).

[35] "Paulo VI: um papa em meio à tempestade" [acesso 1.6.2014].

do subdesenvolvimento, da superpopulação global, das migrações em massa, do perigo de uma guerra nuclear e das viagens espaciais. Enfim, alguém com as características do seu amigo Montini... Porém, desconfiava de que Pio XII não havia elevado Montini ao cardinalato, justamente, para dificultar a sua eleição.[36]

Depois de três dias e onze escrutínios, no entardecer do dia 28 de outubro de 1958 saiu a fumaça branca... O eleito foi Ângelo José Roncalli, um italiano, filho de agricultores, nascido em 25 de novembro de 1881, em Sotto il Monte, Bérgamo. O 262º sucessor de Pedro começou a surpreender o mundo desde a escolha do nome, João XXIII. Dom Helder, no entanto, não se empolgou com a notícia de que o novo papa era o tal de Roncalli, um ancião... Ele queria que fosse Montini, aquele que já "vira vestido de branco"...

Dias depois, de 6 a 15 de novembro, na terceira reunião anual do CELAM, em Roma, Dom Helder mudou de opinião. É que ele ficou deslumbrado com João XXIII: o papa fez uma visita aos representantes da hierarquia latino--americana e encorajou os bispos para que continuassem a aprofundar a visão da realidade latino-americana, a fim de preparar e realizar, com coragem, um novo plano de ação da Igreja para o continente. Após a morte do "Papa Bom", Dom Helder queria que a canonização de João XXIII acontecesse ainda durante o Vaticano II.[37]

---

[36]   N. Piletti; W. Praxedes, *Dom Hélder Câmara: entre o poder e a profecia*, pp. 230-231.

[37]   H. Camara, *Le conversioni di un vescovo*, p. 172; Circular 32 de 4/5.11.1963. Dom Helder viverá um dos momentos mais felizes da sua vida, quando, durante o quarto período do concílio, o secretário do Papa João, Monsenhor Capovilla, lhe mostrará o Museu João XXIII: "[...] Imaginem a

O Papa João XXIII apreciava e apoiava a missão do Arcebispo dos Trabalhadores e do Bispo das Favelas. Mas nem por isso deixou de dar um "puxão de orelha" no arcebispo brasileiro em uma audiência privada. Na ocasião, o papa iniciou a conversa dizendo: "Estou sabendo que você se dedica aos pobres, das... como se chamam?... das favelas". Dom Helder, feliz com o assunto, começou a falar entusiasmadamente da Cruzada de São Sebastião, quando o papa o interrompeu e lhe disse:

> Logo se percebe que o senhor não conhece o Oriente Médio! Se o senhor conhecesse o Oriente Médio, jamais utilizaria o termo "cruzada" para o seu trabalho de libertação dos pobres! Porque, apesar do que dizem muitas vezes os historiadores, essas malditas cruzadas abriram um fosso entre nós católicos e os muçulmanos muito difícil de ser superado...[38]

A partir de então, o próprio Dom Helder começou a dizer que se começasse tudo de novo, com certeza não usaria mais o termo "cruzada", porque "dá uma ideia de guerra,

---

minha emoção quando Capovilla diz que nenhum bispo, a ele lembra tanto João XXIII como o arcebispo de Olinda e Recife... Que responsabilidade!" (Circular 60 de 8/9.11.1965).

[38] Circular 53 de 3/4.3.1966; H. CAMARA, "A entrevista [proibida]", *Sedoc* 12 (1980) 716; N. PILETTI; W. PRAXEDES, *Dom Hélder Câmara: entre o poder e a profecia*, pp. 249-250. Segundo Cayuela, João XXIII estava bem informado do trabalho de Dom Helder e amava profundamente o "Bispo das Favelas" (J. CAYUELA, *Hélder Câmara – Brasil: ¿un Vietnam católico?*, p. 163; H. CAMARA, *Le conversioni di un vescovo*, p. 163). Um estudo sobre a relação de Dom Helder e João XXIII encontra-se em I. A. RAMPON, *O caminho espiritual de Dom Helder Camara*, pp. 367-375. João XXIII chamava Dom Helder de "Il mio cardinaletto".

ainda que guerra santa. E ele se transformou em um apóstolo da paz – da santa paz".[39]

Dom Helder era, no Brasil e na América Latina, um
homem-chave no novo plano de ação desejado pelo Papa
João XXIII e, assim, em 1962, a Igreja, no Brasil, lançou
o Plano de Emergência, coordenado pelo secretário da
CNBB, tendo a participação de Dom Eugênio Sales, que
trazia a experiência do Movimento de Natal, de Dom José
Távora, presidente do MEB – Movimento de Educação de
Base –, e Dom Fernando Gomes, conhecedor dos problemas agrários do país.[40]

O Plano de Emergência foi uma resposta aos apelos do
Papa João XXIII que, a partir da terceira reunião do CE-
LAM, em novembro de 1958, incentivou a Igreja Católica
na América Latina a programar a própria ação pastoral,
a fim de responder adequadamente aos desafios do tempo. No Plano de Emergência, os bispos pronunciaram-se
contra as condições de miséria a que o capitalismo redu-
zia milhões de seres humanos no Brasil e se faziam uma
autocrítica: "Somos solícitos no combate ao comunismo,
mas nem sempre assumimos a mesma atitude diante do
capitalismo liberal. Sabemos ver a ditadura do Estado mar-
xista, mas nem sempre sentimos a ditadura esmagadora do

---

[39] M. de CASTRO, *Dom Helder: misticismo e santidade*, p. 125. Dom Helder,
principalmente a partir da década de 1970, foi reconhecido internacionalmente como "Dom da Paz".

[40] N. PILETTI; W. PRAXEDES, *Dom Hélder Câmara: entre o poder e a profecia*, pp.
274-275; I. A. RAMPON, *O caminho espiritual de Dom Helder Camara*, p. 127.

econômico e do egoísmo nas estruturas atuais que esterilizam nossos esforços de cristianização".[41]

Esta postura empenhativa foi vista como perigosa pelos latifundiários, coronéis e conservadores, que, entre outras coisas, espalharam a ideia de que o MEB, ligado à CNBB, suscitava e fomentava o espírito revolucionário nas massas. O slogan "Viver é lutar" foi taxado de comunista e, segundo os opositores, na cartilha do MEB, até o Pai Eterno fazia propaganda comunista. Certamente, o objetivo de tais acusações conservadoras era ferir as pessoas e os projetos mais arrojados[42] que visavam ao respeito aos Direitos Humanos e à reforma agrária.

O Papa João XXIII compreendia e apoiava também a ação pastoral de Montini. Assim que eleito, João XXIII dirigiu seu primeiro escrito ao arcebispo de Milão: uma carta comunicando a sua intenção de nomeá-lo cardeal. Em outras ocasiões, o papa disse: "aquele nosso caro filho que está em Milão... nós estamos aqui lhe segurando o lugar". Além disso, o papa enviou Montini em alguns lugares para

---

[41] CNBB, *Plano de Emergência para a Igreja do Brasil*, p. 10. O Plano de Emergência foi muito influenciado pela postura de João XXIII. O papa fora audaz em convocar o Concílio Vaticano II e em escrever a Encíclica *Mater et Magistra* – e depois a *Pacem in Terris* –, indicando que os católicos deveriam trabalhar pela solução dos problemas dos países subdesenvolvidos e pelas melhorias de vida das comunidades rurais. Dom Helder e a Comissão Central da CNBB compreenderam que o papa "exigia justiça" e apoiava a "conscientização". Por isso, tornava-se importante sustentar o MEB e a ACB.

[42] I. A. RAMPON, *O caminho espiritual de Dom Helder Camara*, pp. 126-129. O MEB foi acusado de promover a subversão: "Aliás, era mesmo o seu objetivo subverter aquela ordem secular de subserviência, fatalismo e marginalização social" (S. A. FERRARINI, *A imprensa e o arcebispo Vermelho: 1964-1984*, p. 226).

representá-lo, fazendo-o entrar em contato não apenas com "o mundo cristão", mas também com outras experiências religiosas.[43]

No Consistório de dezembro de 1958, o arcebispo de Milão foi um dos 23 prelados promovidos ao cardinalato, estando o seu nome no topo da lista. João XXIII também o nomeou para duas equipes responsáveis por preparar o Vaticano II, a saber, a Comissão Preparatória Central e a Comissão Técnico-Organizacional. Montini era, na Itália, um homem-chave para levar adiante o *aggiornamento* desejado pelo papa.

Brasil, 1960. Dom Helder é conhecido em todo o país como "o São Vicente de Paula das favelas".[44] Jornais publicavam fotos, entrevistas e artigos com elogios às realizações da Cruzada de São Sebastião. Autoridades eclesiásticas de todo o mundo vinham conhecer o projeto de urbanização das favelas cariocas. Em junho de 1960, o projeto foi visitado pelo arcebispo de Milão, João Batista Montini, sendo este recebido no aeroporto com honras, pelo Presidente Juscelino Kubitschek, o Ministro do Exterior Horácio Lafer, o Comandante do Segundo Exército Arthur da Costa e Silva e Dom Helder Camara.

Sendo hóspede da Nunciatura Apostólica, Dom Armando Lombardi fez de tudo para que os dois amigos permanecessem juntos, encarregando Dom Helder de mostrar-lhe a cidade. Então, o arcebispo auxiliar do Rio de Janeiro

---

[43]   A. BORELLI, "Beato Paolo VI (Giovanni Battista Montini) Papa" [acesso 22.6.2014].

[44]   "D. Helder – o São Vicente de Paula das favelas", *O Cruzeiro*, 5.1.1957.

mostrou-lhe o Mosteiro de São Bento, a Igreja da Candelária, a favela da Praia do Pinto, com os edifícios construídos pela Cruzada.[45] Nesta ocasião, muitas experiências e sonhos foram partilhados e cultivados pelo Arcebispo dos Trabalhadores e o Bispo das Favelas.[46] A amizade espiritual se fortificou!

Um tempo depois, em 1965, Paulo VI, recordando esta viagem, dirá ao então arcebispo de Recife: "Não esquecerei jamais nossa visita à favela. Que alegria ter o bispo no meio do povo, cercado pelo amor dos pobres". E pediu: "Independentemente de qualquer atuação oficial, comece, em Recife, o trabalho das casas! Mas faça como no Rio: não mande apenas fazer... Vá, cada vez mais, para o meio do povo".[47]

---

[45] N. PILETTI; W. PRAXEDES, *Dom Hélder Câmara: entre o poder e a profecia*, pp. 247-248.

[46] Circular 176 – 12 de 10/11.4.1965.

[47] Circular 176 – 13 de 10/11.4.1965.

C A P Í T U L O   III

Amizade *aggiornada*

Que Jesus Cristo não me deixe dizer ao papa
nenhuma palavra meramente minha,
nenhuma palavra que não seja nossa.
Dom Helder Camara

Roma, 11 de outubro de 1962. Inicia o Vaticano II. Dom
Montini e Dom Helder estavam entre os padres conciliares. Os dois amigos se encontraram antes do Concílio porque já estava planejado um ataque à colegialidade episcopal. Os dois defendiam esta ideia e muito labutaram para que a mesma se tornasse uma prática constante na vida da Igreja. Dom Helder trazia a experiência positiva da CNBB e do CELAM, os quais viviam a colegialidade antes de esta ser definida pelo Vaticano II. Dom Montini esteve profundamente envolvido na história das duas conferências. Durante o Vaticano II, a amizade espiritual de ambos continuará se abrindo para horizontes mais amplos.[1]

---

[1] Neste capítulo, apresentaremos apenas algumas pinceladas de fatos e acontecimentos ocorridos durante o Vaticano II, em que Dom Helder e Dom Montini/Paulo VI estiveram envolvidos.

1. "Admiro a beleza e a altura de seus planos"

Dom João Batista e Dom Helder, no Concílio Vaticano II, defenderam ideias semelhantes. Pelo fato de ser cardeal, o arcebispo de Milão estava em maior evidência. Já o secretário da CNBB optou pelo "apostolado oculto", porém, muito fecundo. Oculto porque, nos espaços formais, não ocupou funções de relevo.[2] Ele não fez nenhuma intervenção na aula conciliar. Sua maior atuação aconteceu nos espaços informais: "Não falo no plenário, não pertenço a nenhuma comissão. Bem na nossa linha, na linha profunda de nossa vocação";[3] "Os amigos não se conformam com o meu silêncio na basílica: não sabem que sou muito mais da família dos profetas do que da dos doutores".[4] Fecundo, porque Dom Helder estabeleceu como seu objetivo manter o Concílio na linha inspirada por Deus ao Papa João XXIII.[5]

As circulares conciliares de Dom Helder evidenciam que nos espaços informais ele ocupou espaço de relevo. Diversas proposições do Vaticano II tiveram origens nos grupos informais coordenados por ele.[6] Nesse sentido, podemos dizer que a publicação das circulares conciliares leva-nos a dar razão ao Pe. Corporale. O jesuíta e sociólogo

---

[2] J. de Broucker, *As noites de um profeta: Dom Helder Câmara no Vaticano II*, pp. 43-44.

[3] Circular 13 de 26.10.1962.

[4] Circular 36 de 11/12.10.1964.

[5] Circular 15 de 29.10.1962; I. A. Rampon, *O caminho espiritual de Dom Helder Camara*, pp. 194-196.

[6] I. A. Rampon, *O caminho espiritual de Dom Helder Camara*, pp. 322-327. As circulares surgiram para que a Família participasse do momento da graça que foi o Vaticano II...

norte-americano, ao publicar as conclusões de suas pesquisas feitas para uma tese de doutorado em sociologia religiosa, em 1963, afirmou que "esse homenzinho afável e sorridente, que surpreendia os observadores não precavidos, por sua simplicidade [era] um dos mais notáveis organizadores de todo o episcopado católico".[7]

De fato, antes de viajar para o Concílio, Dom Helder preparou-se intensamente, realizando estudos e retiros pessoais e com os membros da "Família". Queria oferecer a sua experiência, reflexão, mística, a este evento ímpar da história da Igreja. Foi preparado para favorecer a plena colegialidade episcopal.

Os bispos brasileiros chegaram a Roma quatro dias antes da abertura do Concílio. Dom Helder foi logo procurado por Dom Larraín, que lhe transmitiu graves preocupações relativas aos métodos de trabalho determinados pela secretaria-geral do Concílio. O bispo chileno havia descoberto que, logo após a solenidade de abertura, na Basílica de São Pedro, o secretário-geral do Concílio, Dom Pericle Felice, diria que, atendendo o desejo do Papa João XXIII, seriam constituídas 10 comissões de trabalho. Para integrá-las, os *padres conciliares* deveriam eleger, para cada uma, 16 bispos, sendo cada qual acrescida de 8 padres conciliares de livre escolha do papa. Ou seja, seria necessário eleger 160 bispos dentre os 3.000 reunidos na basílica. Mas Dom Larraín havia captado que Dom Felice argumentaria que seria desejável que as comissões contassem com representantes

---

[7] R. CORPORALE, Vatican II: Last of the councils. In: J. de BROUCKER, *As noites de um profeta: Dom Helder Câmara no Vaticano II*, p. 44.

do maior número possível dos países. Porém, considerando que os padres só conheciam o episcopado de seus próprios países, pediria ao plenário um voto de confiança: que votasse imediatamente nos nomes das listas preparadas anteriormente pela secretaria-geral, as quais seriam distribuídas à assembleia. Dom Larraín comentou ao Dom que este procedimento poderia ferir a representatividade dos bispos e impedir a fiel expressão da vontade dos mesmos.[8]

Dada a gravidade da situação, Dom Larraín e Dom Helder buscaram um meio para evitar o primeiro ataque à colegialidade episcopal. Estavam de acordo que somente cardeais teriam possibilidades de mudar o rumo preestabelecido pelo secretário-geral do Concílio. Fizeram, então, uma lista com o nome de dez cardeais com os quais poderiam contar... Em seguida, foram até São Luís dos Franceses, a fim de pedirem apoio da Conferência Episcopal Francesa: Dom Veuillot, arcebispo de Paris e presidente da entidade, bem como Dom Etchegaray, secretário, ofereceram uma colaboração de primeira ordem. Depois disso, Larraín e Helder dividiram as visitas aos dez cardeais.[9] Da América Latina, somente o Cardeal Silva Henríquez, de Santiago do Chile, assumiu a questão.[10]

No sábado, dia 13, quando Dom Felice começou a comunicar que seriam criadas as comissões de trabalho e a

---

[8] M. Bandeira, "D. Hélder Câmara e o Vaticano II", *Vozes*, ano 72, vol. 82 (Dec. 1978) 794; I. A. Rampon, *O caminho espiritual de Dom Helder Camara*, pp. 196-200.

[9] H. Camara, *Le conversioni di un vescovo*, pp. 173-174.

[10] M. Bandeira, "D. Hélder Câmara e o Vaticano II", *Vozes*, ano 72, vol. 82 (Dec. 1978) 794.

explicitar o procedimento a ser seguido para as eleições, já havia, no alto das escadas que dividiam as arquibancadas em setores de 100 bispos cada, seminaristas que tinham em mãos as fichas de votação e as listas de candidatos escolhidos. Quando o secretário-geral do Concílio terminou de falar, o velho Cardeal Liénart, de Lille, França, levantou-se e, dirigindo-se a Dom Tisserand, que presidia a assembleia, pediu a palavra, a qual lhe foi negada. "Je la prends quand même!", retorquiu Liénart sob vigorosos aplausos.

Liénart esclareceu, então, que compreendera a sugestão do secretário-geral, mas não podia aceitá-la. O Cardeal Tisserand argumentou que nenhum dos presentes tinha experiência de Concílios, que os regulamentos deveriam ser criados pelos próprios padres conciliares, e sugeriu que se proibissem aplausos e vaias: suas palavras foram recebidas por estrondoso aplauso, o que significava a desaprovação do plenário. Após a intervenção do Cardeal Liénart, seguiram-se seis intervenções de cardeais no mesmo sentido. Na lista dos dez estava Montini, mas este não precisou pronunciar-se.[11]

O secretário-geral voltou à tribuna: "Nós aqui estamos cumprindo as decisões da assembleia. Os senhores, com o Santo Padre, conduzidos pelo Espírito Santo, detêm todos os poderes". E as eleições foram adiadas por 4 dias, tempo suficiente para que os bispos escolhessem os seus próprios representantes nas comissões.[12]

---

[11] H. CAMARA, *Le conversioni di un vescovo*, 174; Circular [Carta] de 13/14.10.1962; M. BANDEIRA, "D. Hélder Câmara e o Vaticano II", *Vozes*, ano 72, vol. 82 (Dec. 1978) 794.

[12] M. BANDEIRA, "D. Hélder Câmara e o Vaticano II", *Vozes*, ano 72, vol. 82 (Dec. 1978) 794; Circular [Carta] 1 de 13/14.10.1962.

Depois da sessão inaugural, Dom Helder e Dom Larraín perceberam que deveriam promover, urgentemente, encontros com os delegados do CELAM, uma vez que a América Latina era o único continente com um episcopado já organizado. Não se tratava de colocar bispos latino-americanos em cada uma das dezesseis comissões, mas de perceber em quais poderia ser mais útil a colaboração do continente.[13] A partir das sugestões apresentadas pelos países, surgiram nomes de bispos de valor que até então não eram conhecidos no plano internacional. O Dom escreveu à Família: "O Concílio me dá sempre mais esperanças. Não há de ser em vão que rezam e se sacrificam milhares e milhares no mundo inteiro. Um dos mais abençoados frutos – já tangível – é ver bispos unidos, rezando e estudando em comum. Na Santa Missa sejamos sempre mais um. Saudades, Dom".[14]

Somente este gesto – de perceber os planos de Felice e buscar convencer os bispos franceses e vários cardeais a que não aceitassem as comissões preparatórias organizadas pela Cúria – já seria suficiente para destacar a importância de Dom Helder e Dom Larraín entre os padres conciliares. No dizer de Marina Bandeira,

> a iniciativa de Dom Helder na abertura do Concílio, ao catalizar o mal-estar reinante e assumir a responsabilidade de assegurar a liberdade de voto para a eleição dos integrantes das comissões de trabalho, significou, na prática, o exercício da *colegialidade*

---

[13] H. CAMARA, *Le conversioni di un vescovo*, pp. 174-175; M. BANDEIRA, "D. Hélder Câmara e o Vaticano II", *Vozes*, ano 72, vol. 82 (Dec. 1978) 794-795.

[14] Circular [Carta] 2 de 16.10.1962.

episcopal, princípio que veio a ser oficialmente reconhecido nos documentos do Vaticano II.[15]

Para favorecer o exercício da colegialidade episcopal, Dom Helder dinamizou alguns espaços informais. Foi ele, com Dom Larrain, quem organizou o *Opus Angeli* e o "Ecumênico". Além disso, exerceu grande liderança no "Grupo dos Pobres", e com talento e sabedoria ocupou o espaço especial nos meios de comunicação social.[16] Através do *Opus Angeli*, do Ecumênico, do grupo Igreja dos Pobres e dos encontros com jornalistas e afins, ajudou o Concílio Vaticano a trilhar a linha inspirada por Deus ao Papa João,[17] fazendo um fecundo apostolado oculto...

Dom Helder percebeu que esses grupos, especialmente o "Ecumênico", precisavam da proteção de um cardeal assim como um dia Francisco de Assis precisou da proteção do Cardeal Ugolino para garantir a liberdade do carisma

---

[15] M. BANDEIRA, "D. Hélder Câmara e o Vaticano II", *Vozes*, ano 72, vol. 82 (Dec. 1978) 796.

[16] Ibid. Foi Dom Helder que começou a chamar de Ecumênico o encontro "do grupo fraterno do mundo inteiro". O nome está associado ao Concílio Ecumênico, à presença de pessoas de todas as partes do mundo, à postura dialogal e fraterna dos participantes, às muitas línguas, ao "espírito do Concílio"...

[17] Circular 15 de 29.10.1962. As circulares conciliares nos permitem acompanhar os movimentos de Dom Helder, durante os cinco períodos do Concílio, no *Opus Angeli*, no Ecumênico e no Grupo da Pobreza, bem como o seu trabalho na CNBB e no CELAM e nos encontros com bispos, teólogos, padres, pastores, jornalistas... Em seus registros, fica patente a sua mística, espiritualidade, pensamentos, meditações, orações, alegrias, tristezas, angústias, esperanças, capacidades, diálogos sinceros e "rasgados", doação pela Igreja, amor pelos pobres, abertura ao Espírito Santo (I. A. RAMPON, *O caminho espiritual de Dom Helder Camara*, pp. 193-243).

perante possíveis ataques. Com muita sabedoria, de comum acordo com Dom Larraín e os bispos franceses, foi procurar a proteção no Cardeal Suenens – que se tornará um dos mediadores do Concílio. Os integrantes do Ecumênico queriam que Suenens ajudasse a assegurar a liberdade de articulação nos diversos episcopados, tendo em vista a livre manifestação de pontos de vista e aspirações, e, também, que colaborasse para que os problemas do mundo subdesenvolvido fossem levantados ao Concílio.[18]

Dom Helder entregou ao Cardeal Suenens uma carta na qual explicava o que seriam as reuniões do "grupo fraterno do mundo inteiro". Depois pediu a Suenens que fosse o cardeal protetor do grupo e que ajudasse a fazer entender que não se trabalhava contra, mas sim a favor de que o Concílio avançasse. Suenens disse-lhe: "Olha, vou lhe pedir uma coisa muito séria. Mas responda-me, olhando nos meus olhos: sei que o senhor é amigo pessoal do Cardeal Montini... Por que não pede a Montini para ser o cardeal protetor do qual tem necessidade?". "É muito simples" – respondeu Dom Helder –, "parece-me evidente que o Papa João recebeu do Senhor a responsabilidade e a glória de abrir o Concílio, mas não chegará à alegria de fechá-lo. Então...". Dom Helder achou estranho, mas imediatamente Suenens disse: "Perfeito! O senhor tem confiança em mim?". Respondeu Dom Helder: "Eminência, devo dizer-lhe que não havia confiança no senhor. O senhor não entendeu a AC e a tem combatido. Por isso, eu era contra o senhor e combatia as suas ideias". Depois acrescentou:

---

[18] M. Bandeira, D. "Hélder Câmara e o Vaticano II", *Vozes*, ano 72, vol. 82 (Dec. 1978) 795.

"Mas, agora, o Cardeal Suenens que está aqui não é aquele que eu conhecia, é outro Suenens, e estou aqui para pedir com a máxima confiança a proteção deste Suenens".[19] Esta franqueza permitiu uma amizade que cresceu ao longo do tempo.[20]

Após a missa de abertura do Concílio, Dom Helder encontrou-se com o Cardeal Montini. Os dois conversaram, entre outros aspectos, sobre a própria missa. Dom Helder sofreu vendo excesso de pompa, de pobreza litúrgica, de falta de sentido comunitário... No encontro com o amigo, comentou a sua "impressão dolorosa" e o cardeal disse: "Admiro a altura e a beleza de seus planos. O senhor só sabe pensar nas dimensões do mundo, ou melhor, da Igreja".[21]

---

[19] H. CAMARA, *Le conversioni di un vescovo*, 176-177; Circular 29 de 11.11.1969. Segundo o Cardeal Suenens, o "nome de Dom Helder Camara evoca para mim muitas lembranças. Desde os primeiros dias do Concílio, nossa amizade nasceu. Ele teve um papel considerável *en coulisse*, apesar de jamais ter usado a palavra na aula conciliar. Com aquele que era então o secretário do episcopado francês, o cônego Etchegaray, ele animou um regular encontro entre mais de 20 bispos europeus e sul-americanos. Isso nos valeu, mais de uma vez, os votos maciços em favor de nossas teses..." (L.-J SUENENS, *Souvenirs et esperances*, p. 177. L. C. L. MARQUES, As circulares conciliares de Dom Helder. In: H. CAMARA, *Circulares conciliares*, I, XLV). Dom Helder e o Cardeal Suenens escreveram juntos o livro *Renovação carismática e o serviço ao homem*, que foi recomendado pelo Papa Francisco no dia 1º de junho de 2014, para os membros da Renovação Carismática (H. CAMARA; L. J. SUENENS, *Renouveau dans l'Espirit et service de l'homme*; FRANCISCO, "Discurso do Papa Francisco aos participantes no 37º Encontro Nacional da Renovação Carismática Católica" [acesso 5.6.2014].

[20] Circular 43 de 23.11.1962; Circular 44 de 26.11.1962.

[21] Circular 20 de 2.11.1962.

2. "Estou ansioso para rever de perto o querido Montini, para ver a quantas anda o banho de João XXIII..."

No final da primeira sessão do Concílio Vaticano II, Dom Helder se perguntava: "Que acontecerá entre a 1ª e a 2ª fases?... Não teria nenhuma surpresa se em setembro já não tivéssemos mais João XXIII. Ele está fazendo um esforço enorme para falar e revelar saúde...".[22] De fato, no dia 3 de junho, o mundo chorou o "Papa Bom" que conquistara o mundo com a sua afabilidade, liberdade, amor e docilidade ao Espírito Santo.[23] Alguns meses depois, Dom Helder ficará sabendo, através de uma carta recebida do secretário, Monsenhor Capovilla, quais tinham sido as últimas palavras de João XXIII: "Nenhum medo. O Senhor está presente. Uma época nova começou".[24] De fato, nova época estava começando na Igreja, bem como na vida de Dom Helder e na sua amizade com o Cardeal Montini, o qual, no dia 21 de junho, foi eleito sucessor de Pedro. Na sua primeira mensagem, Paulo VI comprometeu-se em continuar os trabalhos iniciados por João XXIII. Poderia contar com o brasileiro no sentido de manter o Concílio na linha inspirada por Deus ao Papa João XXIII.[25]

Dom Helder viajou para Roma a fim de participar do segundo período do Concílio, ansioso para ver o querido

---

[22] Última Circular [53] de 8/9.12.1962.

[23] FRANCISCO, "Santa missa e canonização dos Beatos João XXIII e João Paulo II – Homilia do Papa Francisco" [acesso 10.5.2014].

[24] Circular 16 de 26/27.9.1964.

[25] Circular 15 de 29.10.1962; I. A. RAMPON, *O caminho espiritual de Dom Helder Camara*, pp. 194-196.

Paulo IV e Dom Helder Camara

amigo Montini banhado de João XXIII. Devido à intensa amizade entre o papa e o arcebispo brasileiro, era comentário geral entre os cronistas e observadores que Dom Helder exercia influência sobre o papa.[26] De fato, em seu discurso à Cúria, Paulo VI falou abertamente na representação dos bispos do mundo inteiro, destinada a ajudá-lo no Governo da Igreja.[27] Ora, esta era uma das ideias mais defendidas pelo Dom,[28] tanto que, após o discurso papal, ele começou a preparar, para a reunião do Ecumênico, um pequeno trabalho levantando ideias a respeito do assunto.[29]

Roma, 22 de outubro de 1963. Dom Helder, muito emocionado, esperou a audiência da delegação brasileira com Paulo VI: "Estou ansioso para rever de perto o querido Montini, para ver a quantas anda o banho de João XXIII...".[30] Em seguida, anotou que a "audiência com o Santo Padre [...] 'foi carinhosíssima'. Os 176 bispos brasileiros compunham um quadro impressionante. Fiquei ao lado do Senhor Cardeal (menos na hora da fotografia, porque os bispos viram seminaristas quando se trata de tirar retratos com o papa)". O papa disse palavras que fizeram o coração de Helder bater mais forte:

---

[26] Fesquet escreveu, em 19 de novembro de 1964, que Dom Helder Camara, arcebispo de Recife, é uma das figuras mais comoventes do Concílio. Todos sabem em Roma que ele é o bispo dos pobres por excelência. [...] O papa tem um afeto particular por Dom Helder: mais, Paulo VI lhe disse, pessoalmente, ser influenciado por ele. É também por isso que os discursos desse bispo devem ser escutados com a máxima atenção (H. Fesquet, *Diario del Concilio*, p. 727).

[27] Circular 2 de 2.10.1963.

[28] J. Cayuela, *Hélder Câmara – Brasil: ¿un Vietnam católico?*, pp. 177-178.

[29] Circular 2 de 2.10.1963.

[30] Circular 20 de 21/22.10.1963.

lembrou a necessidade de o padre ficar no meio do povo, participando de seus problemas, sofrendo e lutando com ele. "Como ser indiferente a um espetáculo como o das favelas?... Como fechar os olhos à injustiça social?..." Discurso muito simples. Mais conversa do que discurso, mas onde Montini surgiu banhado de João XXIII. Em certo momento, encontrou meio de lembrar o convite que lhe fora feito por Monsenhor Camara, para que ele pregasse o retiro aos bispos do Brasil. Comentou: "era troppo per me". [...] O Santo Padre tinha em mãos três placas (trabalho de um artista de Milão, representando o Cristo e o Colégio dos Apóstolos, entre os quais se acha o Papa João). Deu uma ao senhor cardeal; outra ao secretário da Conferência (e ele me procurou para fazer a entrega); a 3ª deu a Dom Newton, que deixou com ele um álbum belíssimo sobre Brasília.[31]

Dom Helder voltou novamente a encontrar Paulo VI em novembro, na Igreja de Santo Antônio dos Portugueses: "De repente, formou-se a fila para o beija-mão. Como sempre, os mestres de cerimônia, apressadíssimos, cortaram a fila, depois do último bispo português, dizendo que era impossível bênção pessoal para os bispos brasileiros". Porém, o "Santo Padre deu ordem em contrário. Foi a conta. Ao chegar ao Santo Padre, ele segurou minhas duas mãos e disse amavelmente, em italiano: 'Recebi sua carta. Precisamos conversar, antes de seu regresso'". Dom Helder saiu "radiante, cantando o *Magnificat*. Mesmo que não lhe reste tempo para chamar-me (é claro que adquiri o direito de provocar, amavelmente, o encontro), o fundamental era saber que ele lera a carta e a recebera com agrado. Afinal, em rigor, a carta, embora filial, era bastante dura".[32]

---

[31] Circular 21 de 22/23.10.1963.

[32] Circular 43 de 17/18.11.1963. A carta de Dom Helder com suas sugestões a Paulo VI está escrita em "francês mecejanense" na Circular 26 de 27.10.1963.

No segundo período do Vaticano II, entre outras coisas, Dom Helder se angustiava com o conflito entre o sonho de uma Igreja pobre e servidora e o peso histórico da era constantiniana. Comentando com a Família o livro *Pour une Église servante et pauvre*, do "querido Padre Congar", Dom Helder anotou:

> É angustiante ver como, aos poucos, do espírito de *diakonia*, se foi passando para o espírito de dominação. São Bernardo já teve que lembrar a Eugênio III: "tudo isto – as pretensões de prestígio e de riqueza – vem de Constantino e não de Pedro". Fica-se de coração apertado, vendo como homens de Deus – e santos – como Gregório VII, defendendo a Igreja do Império, nos lançaram de cheio no jurisdicismo e no espírito de antidiakonia. [...] E vão surgindo as insígnias. Congar nos diz de onde veio a púrpura, de onde a mitra e a tiara, de onde os sapatos de fivelas, de onde os títulos de Eminência e Excelência... [...] se eu pudesse, colocaria um livro destes, anotado, na mão de cada bispo e faria vigílias sobre vigílias para que o Espírito Santo se aproveitasse de Congar para o grande milagre. [...] Se me aflijo pensando no livro de Congar, alegro-me vendo o papa ceder diante dos Patriarcas, o que tem imediata ressonância ecumênica.[33]

Dom Helder sabia que seu amigo Paulo VI se sentia profundamente mal tendo que se comportar como uma "velha rainha" sentada num trono:

> Não acreditem que Paulo VI não se sinta profundamente mal ao sentar-se no trono e ver um monsenhor, ajoelhado, colocando-lhe um travesseiro debaixo dos pés enquanto dois outros acomodam-lhe a capa, como se ajeitassem uma Velha Rainha. Sei, ao contrário, de ciência certa que ele anseia por libertar-se

---

[33] Circular 13 de 16/17.10.1963.

de tanto ridículo. Que força moral pode ter o papa ao exigir o *aggiornamento* dos religiosos, se o próprio Sumo Pontífice não se decide a atualizar-se!?... Vale aqui uma ponderação do Edgar quanto à necessidade de abrir crédito à graça de estado. Mesmo porque – acrescentarei –, se a iniciativa não vier do papa (como faltou, repito, mesmo a um santo como Pio IX), na hora oportuna, o próprio Deus agirá.[34]

Dom Helder sofria, quando a liturgia tornava-se uma forma e uma amostragem do compromisso da Igreja com os ricos e poderosos. No segundo período conciliar, após a missa pelos cardeais e bispos falecidos desde o início do Vaticano II – a qual contou com a presença de Paulo VI –, ele registrou a impressão que teve e se propôs a alertar o Santo Padre:

> [...] é duro ver o Patriciado Romano e Corpo Diplomático. Lembram um compromisso com a riqueza e o poder. Enquanto isto o povo fica fora da basílica e da própria Praça de S. Pedro, como gado, atrás de umas cercas que deixam espaço livre para que circulem os pullman de luxo que transportam o comum dos bispos e os carros escandalosos que trazem cardeais e bispos mais graduados. [...] Mais grave, no entanto, quase cegante, é a visão do próprio papa. Hei de chegar a ele. Se não for desta vez, será de outra. Hei de cumprir o dever filial de pedir: "meu pai, abra os olhos, pelo amor de Deus! Que força moral o senhor pode ter para falar em atualização (*aggiornamento*) e exigir das freirinhas que larguem hábitos ridículos e ultrapassados, se as superamos de longe!"... Diremos ao papa (e Cristo, de quem ele é vigário, estará comigo e dirá também) que ninguém pode levar a sério o título belíssimo de servo dos servos de Deus, enquanto ele surgir como um suserano oriental.[35]

---

[34]   Circular 37 de 10/11.11.1963.
[35]   Circular 49 de 23/24.11.1963.

Antes de retornar ao Brasil, o Dom foi para um esperado encontro pessoal com Paulo VI, de quem recebera há muito tempo "a primeira bênção papal": Atravessei o Vaticano de ponta a ponta... Chovia. Vento friíssimo (por fora e por dentro). [...] De Herodes a Pilatos, acabei voltando sem ver ninguém... Foi, então, que irrompeu a alegria perfeita de ver-me entre a pobreza de passar dois meses em Roma e voltar sem ter visto, de perto, o papa amigo...[36]

Roma, março de 1964. Dom Helder retornou a Roma a fim de trabalhar na Comissão que elaborava a futura *Gaudium et Spes*. Vibrou com a parte introdutória do texto oficial, a ser aprovado ou não, do XVII Esquema. Entre os diversos comentários, diz: "É o anticonstantinismo. É a Igreja servidora e pobre. É o manifesto do pluralismo".[37] Porém, quando analisou o primeiro capítulo, observou: "depois da introdução, o Esquema se dirige a seminaristas..." e "virou fervorinho... [...] A esta altura só os crentes continuarão lendo o Esquema".[38] Mas como "depois da focalização infeliz do 1º capítulo, o Esquema sempre melhora",[39] resolveu dar o *placet* esperando agir nos anexos, o que de fato fez. A participação de Dom Helder na Comissão foi de fundamental importância para termos hoje o belo e profundo Documento Conciliar.[40]

---

[36] Circular 59 de 4/15 [sic.].12.1963.
[37] Circular 8 de 6.3.1964.
[38] Circular 9 de 7.3.1964.
[39] Circular 10 de 7.3.1964.
[40] I. A. Rampon, *O caminho espiritual de Dom Helder Camara*, pp. 214-220, 234-235.

Desde que chegara a Roma, Dom Helder esperava ansioso o momento do encontro pessoal com Paulo VI: "Curioso, o Santo Padre. Até ontem, quinta-feira, não marcara a audiência pedida no dia mesmo de minha chegada". Mas,

no domingo, mandou aqui [*Domus Mariae*] a geral de um Instituto Secular de Milão (de quem se fez segundo Pai). Ela veio sem dizer que o papa a enviara. Ao sair, disse: agora entendo por que o Santo Padre me mandou ouvi-lo e exige que trabalhemos na mesma diocese para a qual o Sr. for... Hoje, Colombo, na hora da saída, disse coisa parecida: Agora entendo por que o Santo Padre ontem me perguntou se já havia conversado com Mons. Camara e recomendou que não perdesse a oportunidade de aproximação. Acrescentou Colombo que Paulo VI me tem como irmão gêmeo do Cardeal Schuster, o beneditino que o antecedeu em Milão, onde tem fama de santo. Mas para o papa (isto ele mesmo já me explicou) Schuster era o profeta, o homem que antevia sobretudo na linha dos grandes problemas da Igreja. Às 3 da tarde chegou o aviso: "Sua Santità si degnerà ammeterla all'Udienza privata nel giorno di domani, venerdì alle ore 11,40".[41]

E Dom Helder acrescenta:

Aqui estou me inspirando nos "I fioretti di Papa Giovanni". Pedindo a José que me acompanhe. Pedindo a nosso irmão Jesus Cristo (um pouco como recompensa da fidelidade absoluta destes dias tensos) que mais do que nunca sejamos um. Que ele não me deixe dizer ao papa nenhuma palavra meramente minha, nenhuma palavra que não seja nossa, eu, mais precisamente, d'ele através dos meus lábios humanos... E me sentirei acompanhado daí por vocês...[42]

---

[41] Circular 14 de 13.3.1964.
[42] Circular 14 de 13.3.1964.

O papa recebeu Dom Helder de braços abertos, abraçou-o e disse-lhe três vezes: "Mon très cher, très cher, três cher Helder Camara". Depois, agradeceu porque o amigo esquecia-se de si para adotar como seus os grandes problemas da Igreja; pelos trabalhos realizados no Rio de Janeiro – "ninguém me contou: vi com meus próprios olhos como e o que faz pelos pobres. Fiquei feliz vendo como os pobres o conhecem e o amam"; pela "nossa" Conferência; pelo coração largo e visão sobrenatural em suas ações durante o Vaticano II; pela atitude perfeita no tocante à transferência do Rio de Janeiro.

Depois de Dom Helder apresentar sua "angústia" em relação à Igreja, Paulo VI lhe disse que "solução ele só verá na medida em que se multiplicassem bispos como Mons. Camara" e "quando Mons. Camara estiver aqui (e riu, amavelmente) verá, com alegria, que graças a Deus a Igreja é muito menos rica do que o povo pensa. E tenho a simplicidade de acrescentar o que ele acrescentou: 'A riqueza da Igreja está em homens como o Sr....'". Dom Helder anotou que ficou "meio encabulado" e, então, aproveitou para sugerir Dom Lombardi para a secretaria de Estado. O arcebispo elogiou o Núncio Armando Lombardi, dizendo que ele poderia ser a pessoa certa para a reforma da Cúria – ele e o Cardeal Suenens desejavam que Lombardi fosse nomeado para a secretaria de Estado. O papa, diplomaticamente, sorriu e recomendou: "Reze, reze...". Ao despedirem-se, "o papa foi carinhosíssimo", e Dom Helder saiu cantando o *Magnificat*!

3. "Deus sabe a alegria que tenho de dar-lhe este pálio"

Durante o terceiro período, Dom Helder, agora arcebispo de Olinda e Recife, dedicou-se intensamente ao apostolado oculto, a fim de manter o Vaticano II na linha inspirada por Deus ao Papa João XXIII. Segundo o arcebispo, durante o Vaticano II, na Basílica, não havia apenas anjos trabalhando, mas também legiões de demônios que atuavam, criando entraves, a fim de inviabilizar a linha inspirada por Deus ao Papa João XXIII.[43] Havia grandes conflitos: os demônios, com Lúcifer à frente, faziam de tudo para confundir a visão e atrapalhar os avanços.[44] O Papa Paulo VI, após aprovações conciliares resultantes de intensos trabalhos dos grupos como o Ecumênico, *Opus Angeli* e Igreja dos Pobres, enviava recados ou "abraços" a Dom Helder, pois sabia o quanto ele tinha se dedicado, através das vigílias e do apostolado oculto, para ajudar a Igreja de Cristo, naquele momento ímpar da sua história.[45] Estes recados e abraços eram afetos do amigo papa, eram gentilezas do Senhor!

---

[43] Circular 15 de 14.3.1964.

[44] Circular 12 de 6/7.5.64. "Que os anjos, São Miguel à frente, espantem da Basílica as legiões de demônios. Que o Espírito Santo, mais do que nunca, nos leve a ver claro e assumir as difíceis decisões" (Circular 19 de 20/21.10.1963); "Claro que não sou ingênuo e não fico atribuindo aos demônios miudezas da vida quotidiana. Eles sabem onde, quando, como e contra quem interferir... Eles são mestres em lançar trevas não só no seio dos indivíduos [...], mas dos grupos e dos povos... [...] Como vejo o embate, na Basílica de São Pedro, durante o Concílio!... Lúcifer sabe que vale a pena combater o Vaticano II..." (Circular 176A de 13/14.4.65).

[45] I. A. RAMPON, *O caminho espiritual de Dom Helder Camara*, pp. 228-237.

Foi durante o terceiro período do Vaticano II que Dom Helder recebeu o pálio das mãos de Paulo. Porém, antes disso, teve que descobrir o que lhe parecia um "engano". Havia sido anunciado que a insígnia seria entregue no sábado, 10 de outubro, no Santo Ofício, pelo Cardeal Ottaviani. Inesperadamente, o Dom recebeu um cartão do Monsenhor Enrico Dante, prefeito das cerimônias apostólicas, dizendo que "o Santo Padre lhe imporá o pálio na sexta-feira, 2 de outubro, às 13h, no apartamento nobre de sua Santidade". O Dom percebeu que ninguém mais havia recebido aquele aviso e, por isso, pensou que fora um engano: o recado seria para o Cardeal Câmara, que buscaria o distintivo para Dom Motta, pois este não poderia estar presente à cerimônia. Monsenhor Scarpino, auxiliar de Monsenhor Dante – com quem Dom Helder buscou informações –, tentou descobrir o que ocorrera: *Evangelizo tibi gaudium magnum: Sumus pontifex personaliter voluit tibi personaliter imponere Palium crastina, hora prima post meridium.* (Anuncio-te uma grande alegria: o Sumo Pontífice *pessoalmente* quis impor-te *pessoalmente*, o pálio amanhã às 13h)".[46] E assim, no dia 2, terminada a sessão conciliar, Dom Helder dirigiu-se aos aposentos do papa. Os mestres de cerimônia o esperavam. A cerimônia se deu na capela privada, vizinha ao quarto do papa. Paulo VI, muito amável, lhe disse: "Deus sabe a alegria que tenho de dar-lhe este pálio".[47]

---

[46] Circular 21 de 1/2.10.1964.

[47] Circular 22 de 2/3.10.1964. Alguns dias antes. Dom Helder havia escrito: "*Sábado, deverei receber o pálio*, símbolo do poder de Metropolita. Poderes não me interessam: a gente os muda em serviços. [...] Há grandes esperanças de o Santo Padre apoiar a derrubada dos títulos e o começo da simplificação das vestes" (Circular 13 de 23/24.9.1964).

No terceiro período do Vaticano II, quando parecia que se apagavam as esperanças despertadas ao ser anunciado o Concílio, Dom Helder realizou intensas vigílias em prol do Papa Paulo VI, a fim de que fizesse esforços para salvar o espírito do Concílio desejado por João XXIII. Assuntos de primeira grandeza como a colegialidade dos bispos e a reforma da Cúria Romana estavam correndo grandes riscos. Dom Helder, com a graça divina, queria salvar Paulo VI da solidão espiritual,[48] pois ele sabia que o papa estava recebendo pressões para "moderar" o Concílio. Havia quem se aproveitava da sua timidez... Ele precisava de amigos espirituais.[49]

Por isso, no dia 13 de novembro, após intensa vigília por Paulo VI, Dom Helder foi à missa presidida pelo patriarca Maximos IV, com a presença do papa. Helder se fez presente, também, como um estímulo ao vigário de Cristo. O povo estava fora, na praça, e "o esplendor habitual do cortejo pontifício encontrou concorrência séria no esplendor da corte do patriarca Maximos [...]. Mesmo assim, notei que o Santo Padre não quis a *sede gestatória*".[50] Dom Helder fazia o possível para purificar-se da angústia livrando-a do desespero e de qualquer nota de julgamento: "Rezei, rezei,

---

[48] Circular 63 de 4/5.11.1964.

[49] "É tímido, sem dúvida. Mas devemos ajudá-lo. Devemos ter em conta que não é fácil ser papa. [...] Queriam que vocês vissem o rosto de angústia do querido Montini. Sei o que é angústia. Também eu me sentia de coração apertadíssimo... Não é que se abale a esperança. Mas caem, de repente, sobre a gente os problemas do mundo inteiro. Erguem-se, agigantando-se, as dificuldades a superar..." (Circular 59 de 4/15 [sic].12.1963).

[50] Circular 72 de 13/14.11.1964.

rezei...". "Terminada a Santa Missa, a grande surpresa, que os jornais, certamente, já noticiaram." É que o secretário-geral do Concílio, depois de lembrar que a Igreja sempre amou os pobres, anunciou que o Santo Padre ia depositar, no altar da oferenda, sua própria tiara, a ser vendida para os pobres. Dom Helder havia sugerido este gesto ao papa e, agora, contemplava sua efetivação: "a Basílica contemplou, emocionada, num silêncio impressionante, Paulo VI avançar com a tiara nas mãos, jogá-la no altar e regressar feliz!... Foi um delírio!"[51]

4. "[...] continuam as lições do papa"

No quarto período do Vaticano II, Dom Helder vibrou intensamente com a aprovação da *Gaudium et Spes*, constituição conciliar na qual teve importante atuação. Além disso, tendo em vista que, no encerramento do Concílio, contava muito a realização de gestos simbólicos na linha inspirada por Deus a João XXIII, Dom Helder escreveu uma carta ao papa oferecendo sugestões, tais como: que Paulo VI organizasse encontros com ateus, hinduístas, budistas, judeus, cristãos não católicos de 2 a 7 de dezembro de 1965; com os padres conciliares canonizasse João XXIII;[52] anunciasse um Sínodo especial para estudar

---

[51] Circular 72 de 13/14.11.1964.

[52] Com o Cardeal Suenens e outros líderes importantes do Vaticano II, Dom Helder começou a articular a possível canonização de João XXIII, ainda durante o Concílio: "Estamos preparando terreno para a canonização do Papa João – por aclamação, sem processo e sem milagres – no encerramento do Vaticano II. Como era na Igreja primitiva..." (Circular 32 de 4/5.11.1963). Em uma carta a Paulo VI, "mentalmente tantas vezes escrita e meditada de joelhos" e "objeto de tantas vigílias", sugeriu que,

78 Ivanir Antonio Rampon

a responsabilidade da Igreja diante do desenvolvimento integral do mundo; um Sínodo extraordinário para estudar assuntos que o Concílio não teve tempo de aprofundar, como a regulamentação de filhos; anunciasse a decisão de entregar à Assembleia Geral do Sínodo a missão de eleger o papa; que despedisse o corpo diplomático: "Sei que o Santo Padre não vai poder fazer nada disso. Mas sinto necessidade de apresentar-lhe estas sugestões que, no íntimo, ele gostará de receber..."[53]

Paulo VI, no entanto, acolheu uma das sugestões do amigo, a saber, a da prece ecumênica na Basílica de São Paulo fora dos Muros:

> Vocês verão (mandarei um livreto ao Recife e outro ao Rio) que obra-prima de espírito ecumênico as duas orações que Paulo VI proferiu, evidentemente, emocionado. Sucederam-se leituras, extraídas da Bíblia [...] ditas ora em inglês, ora em francês,

no dia 8 de dezembro de 1965, na Praça São Pedro, "sob Vossa Autoridade e conosco, o Concílio canonizasse, publicamente, o Papa João. Para que milagres maiores do que o próprio Concílio e o clamor universal quando da morte do Santo!?..." (Circular 58 de 6/7.11.1965). Capovilla confidenciou a Dom Helder: "O Santo Padre considera-o santo. Mas teme muitíssimo a ideia da aclamação: receia que seja abandonado o processo atual tão seguro (acho-o insustentável: só é canonizado quem tem uma *fortuna* para pagar o processo complicadíssimo)" (Circular 60 de 8/9.11.1965). João XXIII foi somente canonizado pelo Papa Francisco, em 2014...

[53] Circular 58 de 6/7.11.1965. Quando Dom Helder visitou o apartamento do Monsenhor Capovilla, "transformado pela delicadeza de Paulo VI em Museu João XXIII", aproveitou para pedir a sua opinião a respeito da carta que estava escrevendo para Paulo VI: "'Oportuníssima. Necessária'. É verdade que não há cinco bispos do mundo que possam falar a Paulo VI assim. Mas o Senhor pode. Ele lhe tem estima profunda e lê o que o Senhor escreve na hora da meditação. Comentou, então, como o papa é bombardeado pela turma do contra. 'Daí sua responsabilidade'. [...]" (Circular 60 de 8/9.11.1965).

ora em grego (os ortodoxos), por líderes espirituais das várias famílias cristãs. [...] As leituras foram interrompidas pelos cânticos: nada de coro. Nós todos misturando as vozes, ecumenicamente, fraternalmente. [...] A oração dominical foi a mais linda que já rezei em minha vida: o Santo Padre convidou a todos para que cada um dissesse na própria língua natal... Vocês verão que o Santo Padre foi simplesmente inspirado em sua alocução [...]. Desde a saudação em que fez questão de frisar que, do Vaticano II em diante, nos chamaremos apenas irmãos (acabou-se a história de separados).[54]

Dom Helder também vibrou com o "desaparecimento" do Santo Ofício: "em carta ao Santo Padre, duas vezes, eu dissera e, uma vez em petição assinada por vários padres conciliares: 'É preciso mudar o nome, que se tornou odioso; os métodos que são desumanos; as pessoas que se identificam com a instituição e se impregnaram de seus métodos"...[55]

Ao final do Concílio, também havia um comentário de que Paulo VI ofereceria um anel de ouro e um diploma para cada padre conciliar. Por causa disso, "alguns dos meus vizinhos de Concílio (Núncios Apostólicos) gozaram a valer 'a Igreja dos Pobres'".[56] Mas foi o Dom que teve a alegria de escrever ao papa agradecendo a sua "maneira delicada" e a sua lição de "bom gosto e simplicidade":

Ontem, em carta ao Santo Padre – além de transmitir o testemunho de minha alegria pela prece ecumênica na Basílica de São Paulo, e de enviar o texto do Pacto das Catacumbas

---

[54] Circular 86 de 4/5.12.1965.
[55] Circular 88 de 6/7.12.1965.
[56] Circular 88 de 6/7.12.1965.

– comentei, em *post-scriptum*, meu contentamento pela maneira delicada, em puro estilo Paulo VI, de dar, aos bispos do mundo inteiro, uma lição de bom gosto e simplicidade. Imaginem, em *vermeil* [...] um anel másculo (parece de ferro ou de bronze) sem pedras de espécie alguma, em forma de mitra na frente, com a efígie de Cristo, circundado por São Pedro e São Paulo. Soprou-se, na Basílica, a ideia de enviar ao Santo Padre o anel antigo, com uma palavra de agradecimento (o meu Dom José [Lamartine] é um dos líderes e vai mandar o dele). Não tenho ilusões: o peso morto é terrível. A maior parte continuará usando as pedrarias preciosas. Mas continuam as lições do papa...[57]

Em dezembro, assim comentou Dom Helder a respeito do presente recebido de Paulo VI:

ONTEM, NA BASÍLICA, FOI DISTRIBUÍDA aos padres conciliares a medalha comemorativa do Concílio. [...] Em uma das faces, se vê um crucifixo diante do qual o papa entrega a tiara, enquanto, do céu, um anjo lhe traz a mitra e o Evangelho. E diga-se ainda que exagero o gesto da tiara!... Aqui está Paulo VI: entre mil mensagens que nos poderia transmitir, escolheu a da Igreja servidora e pobre, que não quer ser senhora temporal, que se torna sempre mais evangélica e missionária... No verso, aparecem as chaves de Pedro, ligadas ao báculo dos pastores: chaves e báculo circundados de ramos de oliveira... A meu ver, belo símbolo da Colegialidade Episcopal unida em Pedro e a serviço da paz! Surpreendente o Santo Padre!... Voltei felicíssimo.[58]

Antes de finalizar o Concílio, Dom Helder pediu ao amigo Paulo VI uma encíclica sobre o desenvolvimento dos povos e um encontro de bispos da América Latina para

---

[57] Circular 88 de 6/7.12.1965.

[58] Circular 50 de 29/30.10.1965.

viabilizar o Concílio no continente.[59] Essa carta é uma das raízes da *Populorum Progressio* e da convocação da segunda Conferência Episcopal Latino-Americana, em Medellín. Novamente a amizade espiritual de Helder e Montini abriu horizontes em prol do bem da Igreja, do progresso dos povos e da obra libertadora na América Latina.

---

[59] Circular 17 de 26/27.9.1965.

CAPÍTULO IV

Amizade guiada pela Providência

Agradeço em nome de Jesus Cristo
sua atitude perfeita diante da transferência.

Paulo VI

Em 1964, Dom Helder assumiu a missão de arcebispo metropolitano de Recife, coração do Nordeste, "coração do subdesenvolvimento", lugar importante para a história da Igreja e do Brasil. Foi para lá transferido pelo amigo Paulo VI, mas guiado pela Providência Divina. Nele Deus operou maravilhas...

1. "[...] quando uma criatura fica assim nas mãos de Deus opera maravilhas..."

Entre o Cardeal Jaime e Dom Helder havia uma grande e velha amizade e, provavelmente, o cardeal nunca se arrependeu de tê-lo indicado ao episcopado.[1] Por mais de dez anos, a relação entre os dois foi excelente. As diferenças não os separavam, mas os uniam ainda mais até que, em 19 de julho de 1960,[2] Dia de São Vicente de Paulo, começaram a se separar.[3] A missa foi presidida pelo cardeal e a Dom Helder coube falar do santo. Era uma celebração muito solene, em uma das maiores igrejas do Rio de Janeiro, que estava lotada. Dom Helder começou dizendo que o mais importante não era recordar aquilo que São Vicente havia feito, até porque todos já sabiam. Continuou afirmando que o santo nem precisa de nossos elogios, pois não acrescentariam nada à sua glória. Em seguida, afirmou que a melhor maneira de honrar Vicente de Paulo era se perguntar o que ele faria se estivesse vivendo entre nós. A seu tempo, Vicente fez o que lhe ditava a sua consciência e seu amor aos pobres, "mas estou convicto, se vivesse hoje, o apóstolo da caridade buscaria fazer a justiça".[4] Dom Jaime passou a ter certe-

---

[1]   M. de Castro, *Dom Helder: misticismo e santidade*, p. 79; B. T. de Renedo, *Hélder Câmara: proclamas a la Juventud*, p. 17; J. González, *Helder Camara: il grido dei poveri*, p. 79; I. A. Rampon, *O caminho espiritual de Dom Helder Camara*, pp. 129-133.

[2]   Há dúvidas sobre o ano exato. Ferrarini registra "1960" (S. A. Ferrarini, *A imprensa e o arcebispo Vermelho: 1964-1984*, p. 143). Todos os autores consultados, no entanto, destacam que o fato se deu no dia de São Vicente de Paulo.

[3]   Weigner localizará o início da separação, no entanto, quando Dom Helder resolveu aceitar o desafio lançado pelo Cardeal Gerlier (G. Weigner, *Helder Camara: la voce del mondo senza voce*, pp. 43-44). Pode-se dizer que esta localização é correta, mas ainda não era objetivada. De fato, o próprio Dom Helder dirá que as palavras de Gerlier serviram de eco decisivo perante o Cardeal Câmara.

[4]   J. González, *Helder Câmara: il grido dei poveri*, 94; H. Câmara, *Chi sono io?*, pp. 34-35; Id. Dom Helder Camara racconta la sua vita. In: R. Bourgeon,

za de que seu auxiliar havia deixado para o segundo plano a batalha contra o comunismo ateu, e estava colocando os seus talentos em prol da luta contra as injustiças sociais. Teve a sensação de que as estradas dos dois nunca mais se encontrariam.

A partir de então, o cardeal começou a dar vários indícios de que desejava a transferência do arcebispo auxiliar,[5] até que certa vez, depois que cartilhas do MEB foram apreendidas, chamando-o lhe disse: "Filho, estou vendo que a única maneira de seguirmos bons amigos é nos separando. Temos que fazer como São Paulo e São Barnabé. Procuremos, cada um por seu lado, fazer o que seja possível. Teremos que nos separar".[6] Mesmo sabendo da possível transferência, aquelas palavras tocaram-no profundamente. Deveria deixar a arquidiocese, os amigos, os colaboradores que estiveram com ele, desde 1936. Dom Helder agradeceu a franqueza do cardeal e disse que uma das coisas que o oprimia era a falta de sinceridade entre os cristãos, sacerdotes e até bispos: a coragem de dizer diretamente era algo admirável. Agradeceu e lhe deu todo o direito de falar ao papa. Afirmou que estava disposto a qualquer diocese, sem criar obstáculos.

Il profeta del Terzo Mondo, p. 239; N. PILETTI; W. PRAXEDES, *Dom Hélder Câmara: entre o poder e a profecia*, p. 288; J. de BROUCKER, *Helder Camara: la violenza di un pacifico*, pp. 26-27; J. CAYUELA, *Helder Camara – Brasil: ¿un Vietnam católico?*, pp. 165-166.

[5] I. A. RAMPON, *O caminho espiritual de Dom Helder Camara*, pp. 131-134.

[6] N. PILETTI; W. PRAXEDES, *Dom Hélder Câmara: entre o poder e a profecia*, p. 290; H. CAMARA, *Chi sono io?*, pp. 34-35; ID. *Le conversioni di un vescovo*, p. 203; B. T. de RENEDO, *Hélder Câmara: proclamas a la Juventud*, p. 17.

Dom Lombardi procurava o melhor lugar possível para Dom Helder. Pensou em nomeá-lo administrador apostólico de São Salvador, Bahia, com direito à sucessão, o que lhe garantiria a púrpura cardinalícia. Mas Dom Álvaro da Silva, apesar de quarenta anos à frente da arquidiocese, reagiu, dizendo que isso tornaria a sua função apenas honorífica.[7] Por um lado, devido às pressões do Cardeal Câmara[8] e, por outro, não querendo forçar a transferência para São Salvador contra a vontade de Dom Álvaro, o Núncio comunicou a Dom Helder que, no momento, havia só uma sede vacante, a pequena São Luís, Maranhão. Assim, Paulo VI se via "obrigado" a transferir o "grande" secretário da CNBB, pelo menos por um tempo, para uma diocese distante dos centros de decisões políticas do país. Dom Helder aceitou.[9]

Em Roma, Dom Helder trabalhou bastante com o Cardeal Suenens e Dom Larraín. No sábado, 7 de março, às 13h, saiu a nomeação para São Luís. Mas, às 16h30, Dom Lombardi enviou um telegrama ao Vaticano avisando da morte imprevista, após uma cirurgia, do arcebispo de Olinda e Recife, Dom Carlos Coelho, 57 anos. Imediatamente, Dom Lombardi articulou com Paulo VI a transferência de Dom Helder para Recife, mas, por respeito ao

---

[7] H. CAMARA, *Chi sono io?*, pp. 35-36; ID. Dom Helder Camara racconta la sua vita. In: R. BOURGEON, *Il profeta del Terzo Mondo*, p. 239; B. T. de RENEDO, *Hélder Câmara: proclamas a la Juventud*, pp. 17-18.

[8] N. PILETTI; W. PRAXEDES, *Dom Hélder Câmara: entre o poder e a profecia*, p. 291; Circular 15 de 1/2.3.1964.

[9] N. PILETTI; W. PRAXEDES, *Dom Hélder Câmara: entre o poder e a profecia*, pp. 290-291; H. CAMARA, Dom Helder Camara racconta la sua vitaa. In: R. BOURGEON, *Il profeta del Terzo Mondo*, pp. 239-240.

prelado falecido – a pedido de Dom Helder –, o anúncio só saiu no dia 14 de março.[10]

Assim, Paulo VI, ao nomear Dom Helder para Recife, estava dando um claro sinal de que aprovava a linha de ação do secretário da CNBB. O próprio papa lhe disse isso, no dia 13 de março, ao recebê-lo, muito feliz e de braços abertos, em uma audiência privada.[11] Na ocasião, agradeceu a Dom Helder,

> • antes de tudo, pelo amor à Santa Igreja. Sabia, por conhecimento pessoal, como me esqueço de mim, para adotar como meus os grandes problemas da Igreja; • pelos trabalhos realizados no seu Rio de Janeiro. Ninguém me contou: vi com meus olhos o que faz pelos pobres. Fiquei feliz vendo como os pobres o conhecem e o amam; • pela nossa Conferência dos Bispos. Chamo-a assim porque a vimos nascer, a ajudamos a nascer. Deus e eu sabemos quanto ela lhe deve... • pelo Concílio: sei como tem ajudado, sempre de coração largo e visão sobrenatural; mas, acima de tudo, agradeço em nome de Jesus Cristo sua atitude perfeita em face da transferência.[12]

O papa revelou conhecer pessoalmente todos os passos: Salvador, São Luís, Recife. E disse-lhe: "Sei que lhe custará

---

[10] J. de BROUCKER, *Helder Camara: la violenza di un pacifico*, pp. 27-28; H. CÂMARA, *Chi sono io?*, pp. 36-37; N. PILETTI; W. PRAXEDES, *Dom Hélder Câmara: entre o poder e a profecia*, p. 292.

[11] N. PILETTI; W. PRAXEDES, *Dom Hélder Câmara: entre o poder e a profecia*, pp. 293-294. Ao nomeá-lo para Recife, Paulo VI lhe deu a arquidiocese mais importante do Nordeste e uma oportunidade de colocar em prática as concepções que o maduro sacerdote desenvolveu por mais de dez anos em contatos frequentes com bispos do Terceiro Mundo. Lá poderia realizar a "Igreja servidora e pobre" com os colegas bispos da região, que também eram engajados na luta contra a miséria (J. CAYUELA, *Helder Camara – Brasil: ¿un Vietnam católico?*, pp. 166-167).

[12] Circular 15 de 14.3.1964.

muito se arrancar do seu Rio e que, aos seus colaboradores, será também penosíssimo vê-lo partir. Quero que eles saibam que o papa também sofreu. Mas tenham certeza de que tudo vai correr bem: quando uma criatura fica assim nas mãos de Deus, opera maravilhas...".[13]

Dom Helder disse ao papa que estava feliz sabendo que seu caso fora analisado pelo vigário de Cristo e agradeceu pela nomeação.[14] Paulo VI o interrompeu para dizer: "Fique tranquilo. É evidente a mão de Deus sobre a tua cabeça. A Providência se tornou tangível".[15] Depois ainda conversaram sobre o Concílio e a situação social na América Latina... Antes de Dom Helder se retirar, Paulo VI quis registrar este momento com uma foto para guardar em seus arquivos pessoais: "Faço questão de assinalar com um retrato este encontro caríssimo". Carinhosamente, despediram-se.

Na tarde de sábado, 14 de março de 1964, a Rádio Vaticano anunciou a transferência de Dom Helder para a Arquidiocese de Olinda e Recife. Os estudantes do Pio Brasileiro foram correndo até a Domus Mariae: "Os seminaristas brasileiros acabam de irromper de quarto a dentro. Cantaram, riram, conversaram, felicíssimos! Tiveram as primícias dos planos do *piccolo* pastor e eu tive a sensação de defrontar-me, pela primeira vez, com meus

---

[13] Circular 15 de 14.3.1964.

[14] Circular 15 de 14.3.1964. Dom Helder dirá que, quando Paulo VI lhe confiou Recife, sentiu que toda a sua vida tinha sido uma grande preparação para a missão pastoral que desempenharia no Nordeste (B. T. de RENEDO, *Hélder Câmara: proclamas a la Juventud*, p. 18).

[15] Circular 15 de 14.3.1964.

seminaristas".[16] A felicidade dos seminaristas tinha seus motivos, pois eles não concordavam com o desejo de Dom Jaime de transferir Dom Helder para a pequena São Luís, mas aprovaram a decisão do papa de nomeá-lo para Recife. Aquele lugar era um centro político do Nordeste, onde o sindicalismo rural, especialmente as Ligas Camponesas, estava em pleno vigor na luta pela reforma agrária. O próprio governador, Miguel Arraes, era um grande defensor das reformas de base. Assim, a Providência levava Dom Helder para uma região-chave do Terceiro Mundo, no coração do subdesenvolvimento, onde Jesus Cristo, identificado com os oprimidos e injustiçados – com Zé, Antônio e Severino –, clama por justiça.[17]

2. "Devemos dar exemplo de uma vida em clima de trabalho, pobreza, imitando Paulo VI..."

Recife, 11 de abril de 1964. A acolhida ao novo Metropolita foi triunfante. Dom Helder desceu do avião ao lado do governador Paulo Guerra e foi recebido pelo prefeito da cidade, Augusto Lucena – impostos pelo golpe militar –, pelo comandante do IV Exército Justino Alves Bastos, pelo brigadeiro Homero Souto e pelo almirante Dias Fernandes. Participou de uma carreata pela cidade, protegida por policiais. O povo o cercava em busca de bênçãos e aclamava o novo arcebispo,[18] que desfilava nas ruas de

---

[16] Circular 16 de 14.3.1964.

[17] H. CAMARA, Tomada de posse como Arcebispo de Olinda e Recife. In: H. CAMARA, *Utopias peregrinas*, pp. 22-23; B. T. de RENEDO, *Hélder Câmara: proclamas a la Juventud*, p. 19.

[18] Circular 1 de 11/12.4.1964.

Recife como um herói, acompanhado do governador, dos representantes do IV Exército, da burguesia industrial e dos usineiros pernambucanos. Nas ruas também estavam os parentes dos detidos, vítimas do golpe, os quais esperavam que o novo arcebispo continuasse a obra em defesa da justiça e dos pobres iniciada pelo antecessor Dom Carlos Coelho.[19] O prefeito lhe entregou a chave da cidade e o arcebispo disse: "Gostaria de abrir com estas chaves todos os corações".[20]

Dom Helder escreveu uma *Mensagem* para o momento, tendo o cuidado de articular-se antes com Dom Eugênio Sales, secretário regional dos bispos no Nordeste, vários amigos e o Núncio. Divulgou a mesma na imprensa brasileira e estrangeira e, em geral, a *Mensagem* foi bem-aceita.[21] Na Basílica de Nossa Senhora do Carmo, o novo arcebispo, paramentado com as mais solenes vestes episcopais – mas com um báculo de madeira emprestado do seu auxiliar, Dom José Lamartine, pois não tinha o seu –, tomou posse do arcebispado de Olinda e Recife.[22]

A *Mensagem de Chegada*, além de profundo teor espiritual, revela o desejo de viver uma intensa mística pastoral. O novo pastor disse que a sua ida a Recife não havia sido planejada, mas fora a Providência que o levara àquele

---

[19]   J. CAYUELA, *Helder Camara – Brasil: ¿un Vietnam católico?*, p. 168.

[20]   L. MURATORI, Le sue parole e l'Opera. In: R. BOURGEON, *Il profeta del Terzo Mondo*, p. 243.

[21]   Circular 1 de 11/12.4.1964; I. A. RAMPON, *O caminho espiritual de Dom Helder Camara*, pp. 145-153.

[22]   N. PILETTI; W. PRAXEDES, *Dom Hélder Câmara: entre o poder e a profecia*, p. 302.

ponto-chave do Nordeste brasileiro. Dom Helder logo começou a implantar um novo estilo de pastoreio, de acordo com o Vaticano II, incentivado e apoiado por Paulo VI. Sua primeira ação pastoral como novo pastor aconteceu no dia 14 de abril, quando, acompanhado de uma equipe da revista *O Cruzeiro*, fez questão de visitar os chamados Mocambos, a fim de realizar um primeiro de outros milhares de contatos. Nessa ocasião, os pobres lhe ensinaram que o termo "Mocambo" significa barraco, e não favela como pensava o arcebispo. No Recife, as favelas são chamadas de morro, alagado, córrego. Ele também descobriu que os alagados eram "muito pior do que as nossas [do Rio de Janeiro] mais tristes favelas...".[23] O contato com o povo de Recife, especialmente dos Mocambos, deu-lhe forças para ir pensando na sua missão de pastor no coração do subdesenvolvimento: "Curioso: sinto o mesmíssimo calor dos 27 anos, ao chegar ao Rio... A chama sagrada, longe de abater-se, está mais viva e crepitante".[24]

As dificuldades encontradas – inclusive da parte de pessoas boas – para viver a simplicidade e o espírito da

---

[23] Circular 3 de 14/15.4.1964; I. A. Rampon, *O caminho espiritual de Dom Helder Camara*, pp. 154-155.

[24] Circular 3 de 14/15.4.1964. O Cardeal Montini, quando assumiu a arquidiocese de Milão, começou visitando favelas e, o Papa Francisco, quando assumiu a missão de Bispo de Roma, realizou a sua primeira viagem apostólica para a Ilha de Lampedusa, a fim de rezar pelas vítimas dos naufrágios do Médio Oriente e do Norte da África. A escolha de Lampedusa é altamente simbólica para um papa que colocou os pobres e os excluídos no centro do seu pontificado e lançou um apelo à Igreja para que reassumisse a opção pelos pobres (Francisco, "Viagem a Lampedusa (Itália). Santa Missa pelas vítimas dos naufrágios – Homilia do Santo Padre Francisco" [acesso 13.6.2013]). As coincidências de palavras e gestos de Francisco e Helder, e Francisco e Montini são muitíssimas...

pobreza evangélica lhe ajudavam a compreender Paulo VI na sua meta de reformar a Cúria Romana. "Ontem, entendi, como nunca, a dificuldade do Santo Padre em reformar a Cúria Romana: porque somente ontem, depois de ensaios frustrados, consegui livrar-me da tirania do Aero Willys. Agora, está mesmo decretado: • carro só mesmo em horas muito oficiais ou quando a premência de tempo de fato o exigir".[25] O carro oficial do Metropolita passou a ser usado como ambulância para transportar pobres ou as servidoras dos pobres.[26] Desde junho de 1964, Dom Helder começou a andar a pé, de ônibus ou de carona pelas ruas de Recife: "a manhã inteira, andei de ônibus e a pé. Só ontem pude parar no alto de uma ponte sobre o Capibaribe. Só ontem, me misturei, de verdade e de vez, com a minha gente".[27]

A construção do Seminário Regional do Nordeste foi um tema polêmico que Dom Helder teve que enfrentar naquele período. O arcebispo desejava que o mesmo fosse símbolo de uma nova formação seminarística.[28] Ele gostava de dizer que o "Seminário Regional – com a reformulação dos estudos, embebidos da mística e da espiritualidade da Igreja em Concílio – vai formar padres novos para o Novo Nordeste".[29] De modo participativo, bispos, padres, professores e seminaristas escolheram, como patrono do mesmo, São Carlos Barromeu, a fim de que o santo ajudasse a fazer

---

[25]   Circular 34 de 20/21.6.1964.

[26]   Circular 57 de 18/19.7.1964.

[27]   Circular 34 de 20/21.6.1964.

[28]   Circular 66 de 4/5.8.1964; Circular 81 de 25/26.8.1964; Circular 85 de 29/30.8.1964.

[29]   Circular 88 de 1/2.9.1964.

do Vaticano II o que ele fizera em relação ao Concílio de Trento e porque dele era devoto João XXIII e Paulo VI.[30] Foi com Monsenhor Montini que, certa vez, Dom Helder rezara perante o túmulo de São Carlos, em Milão.

A construção de um seminário gigante, no entanto, foi exigindo cada vez mais dinheiro e, ao mesmo tempo, o projeto revelou-se de duvidosa eficácia. Mas Monsenhor Samoré, com as melhores intenções, praticamente, exigiu a construção do "elefante branco".[31] Diante da quase obrigação de efetivar uma obra em contradição com as suas convicções mais profundas, ou seja, em completo contraste com tudo o que desejava para a formação de seus futuros padres, Dom Helder pensou até em abandonar a Arquidiocese de Olinda e Recife. Mas, por outro lado, questionava-se: Não fora a Providência que o levara aí?[32] O próprio Paulo VI dissera que a Providência se tornara tangível... E, agora, o que deveria fazer? As circulares revelam o drama interior vivido por Dom Helder: enquanto ele se preocupava em conseguir vultosa quantia de dinheiro para construir o gigante seminário, continuava a seca, aprofundava-se a crise econômica do país e, consequentemente, crescia a miséria e a fome. No Brejo, um porco esfomeado comeu a terça parte de uma criança,[33] homens famintos se alegravam ao comer uma abóbora e triplicou o número de

---

[30] Circular 126 de 8/90.1.1965.
[31] Circular 141 de 16/17.2.1965.
[32] Circular 157 de 3/4.3.1965; I. A. RAMPON, *O caminho espiritual de Dom Helder Camara*, pp. 169-277.
[33] Circular 164 de 11/12.3.1965.

pedintes no palácio.[34] Os gastos para o seminário levavam todo o dinheiro![35] Além dessas contradições, Dom Helder entendia que tal construção não estava em sintonia com os gestos simbólicos de Paulo VI, que apontavam para a simplicidade, a humildade e a modéstia evangélicas...[36]

Da mesma forma, ficava a grande questão: aquele grande prédio era o melhor local e garantiria a melhor pedagogia e a melhor mística para preparar sacerdotes dedicados à evangelização, pois "não se evangelizam seres abstratos, intemporais e residentes no vácuo. Evangelizam-se criaturas humanas, concretíssimas, inseridas no espaço e no tempo"?[37] Dom Helder, com outros bispos e lideranças eclesiais do Nordeste, desejavam presbíteros capazes da missão de dar ao conceito de "desenvolvimento" todo o seu vasto significado humano e sobrenatural e, nesse sentido, servia como exemplo o MEB, que buscava dar às massas em condições subumanas uma realização humana e cristã. Eles queriam presbíteros que colaborassem, de modo

---

[34] Circular 165 de 12/13.3.1965.

[35] Circular 165 de 12/13.3.1965; Z. ROCHA, Introdução. In: H. CAMARA, *Circulares Interconciliares*, III, pp. 26-27.

[36] Circular 72-Cª de 18/19.4.1966 escrita em Roma. Dom Helder, constrangido e até envergonhado pelo "contratestemunho" que era obrigado a dar construindo o gigante Seminário Regional do Nordeste, em Camaragibe, anotou: "Como é difícil ser papa! Sei que Paulo VI deseja de coração levar a simplicidade evangélica ao Vaticano. No entanto, ontem, vi, em torno de Santa Marta a construção de um salão gigantesco – maior do que a Basílica de São Pedro – para as audiências... Como é difícil viver!... Como custa ser cristão! Como custa ser Igreja, viver Igreja e não julgar, ainda menos o papa!... Aliás, o arcebispo de Olinda e Recife tem razões de sobra para entender as dificuldades do Santo Padre...".

[37] H. CAMARA, "Realismo da Igreja continuadora de Cristo", *Vozes* 5 (1965) 433.

empenhado, na missão de colocar "as criaturas em pé, abrir-lhes os olhos, despertar-lhes a consciência",[38] enfim, que assumissem como lema a palavra de Cristo: 'Venho para que tenham vida e vida em abundância'".[39] Além de se preocupar com a formação dos seminaristas para formar sacerdotes para o novo Nordeste, Dom Helder reorganizou o Palácio São José de Manguinhos, o qual não deveria ter caráter de trono, de fortaleza, e sim estar de portas abertas noite e dia. Ele se sentia inspirado pelo papa: "Paulo VI me declarou que só acredita que o papa possa se livrar de excessos não evangélicos de sua apresentação externa, se os bispos do mundo inteiro derem o primeiro passo...".[40] O arcebispo já se havia livrado da Aero Willys e aberto o palácio aos pobres, mas também queria tirar o "nome" e o "ar" de palácio do querido São José de Manguinhos, queria desfazer-se dos dois tronos, das cadeiras nobres, dos tapetes e aproveitar melhor as salas vazias.[41] "Dom José lembra que eu preciso das salas para

---

[38] Id., Per una visione cristiana dello sviluppo. In: Id., *Terzo mondo defraudato*, pp. 15-18.

[39] M. M. Muggler, *Padre José Comblin: uma vida guiada pelo Espírito*, pp. 84-86. Mônica Maria Muggler descreve a experiência dizendo que, em 1966, foram morar no grande seminário 90 seminaristas, e a ideia de chegar 500 a 600 nunca aconteceu. Mais tarde, os seminaristas foram pedir, e até "pressionaram", a Dom Helder que "inventasse" um novo estilo de formação, em que se tivesse mais contato com o povo: então, formaram pequenos grupos que residiram nos bairros periféricos de Recife e Olinda, em pequenas comunidades, inseridas no meio popular. Também foi fundado o ITER – Instituto Teológico de Recife.

[40] Circular 25 de 3.10.1964.

[41] J. de Broucker, *Helder Camara: la violenza di un pacifico*, pp. 34-35; H. Camara, *Chi sono io?*, pp. 107-109.

receber comissões... Dessa maneira, o Santo Padre jamais se livrará do Vaticano!"[42]

O gesto de se transferir do Palácio de Manguinhos para uma residência mais simples foi visto pelos acusadores do arcebispo como mais uma atitude demagógica. Na verdade, ele havia se transferido do palácio na tentativa de viver pessoalmente a opção por uma Igreja servidora e pobre. Somente buscava ser fiel ao desejo de bispos que participaram do Vaticano II e que se haviam comprometido a se despojarem dos sinais de ostentação, pompa e riqueza.[43] No lugar dos sinais de "bispo-príncipe" preferia os sinais de "bispo-pastor". De fato, ele queria seguir radicalmente o Bom Pastor que conhece e doa a vida pelas ovelhas...

No livro *Chi sono io?*, o "bispo-pastor" afirmou que não era preciso chamá-lo de "monsenhor", "excelência"... "Padre Helder e basta".[44] Mas o povo gostava mesmo de chamá-lo de "Dom": "o meu povo descobriu que 'Dom' é uma fineza, delicadeza... Então, eles nem me chamam 'Dom Helder'. Imagine! É como se eu fosse um Dom de Deus!".[45] Além de títulos, o *Bispinho* não precisava de trono, mitra, anel precioso... apenas uma batina simples e uma cruz de madeira. Dizia que devemos dar exemplo de uma vida em clima de trabalho, pobreza, imitando Paulo VI, sempre servidor da vida nas atividades, no apostolado, na obra da reconciliação. Dom Helder, na sua missão de arcebispo de Olinda e Recife, sentia-se tão sintonizado com o amigo

---

[42] Circular 25 de 3.10.1964.

[43] S. A. Ferrarini, *A imprensa e o arcebispo Vermelho: 1964-1984*, p. 172.

[44] H. Camara, *Chi sono io?*, p. 117.

[45] TV Senado, "Dom Hélder (parte 1)" [acesso 15.5.2009].

papa, a ponto de escrever para a Família macejanense: "Tenho certeza de que se o Santo Padre fosse o arcebispo de Olinda e Recife, não agiria de modo diferente. Tenho às vezes a tentação de mandar a ele, em francês, uma circular como a de hoje...".[46]

Dom Helder dedicou-se intensamente à Operação Esperança.[47] É que, voltando de uma reunião da Comissão Central da CNBB acontecida no Rio de Janeiro, de 9 a 14 de junho de 1965, ele encontrou Recife e outras cidades pernambucanas em plena calamidade. Uma cheia do Rio Capibaribe coincidiu com uma maré alta, resultando em uma tragédia para as populações ribeirinhas. A água entrou em, aproximadamente, 40% das casas da cidade. Dom José Lamartine já havia assumido o trabalho de solidariedade aos atingidos com "perfeito sentido de liderança, enorme capacidade de organização".[48] Do aeroporto, Dom Helder foi direto para o Posto Central, em um espaço cedido pela Rádio Olinda e o Banco da Providência – Recife. Então, Dom Helder organizou e uniu forças para reconstruírem as casas, mas também para iniciar um projeto de transformação, pois "Inundações assim põem a nu a miséria cotidiana que a insensibilidade, a pressa da vida, o comodismo, o egoísmo não deixam ver...".[49]

A partir de então, Dom Helder começou a afirmar que a mensagem do Cardeal Gerlier não esteve presente somente na criação da Cruzada de São Sebastião, do Banco e

---

[46]   Circular 29 de 25/26.01.1966.
[47]   I. A. Rampon, *O caminho espiritual de Dom Helder Camara*, pp. 185-189.
[48]   Circular 223 de 15/16.6.1965.
[49]   Circular 223 de 15/16.6.1965.

da Feira da Providência, mas, também, no nascimento da Operação Esperança.[50] Ressaltava que Gerlier o questionou porque não colocava seus talentos a serviço dos pobres,[51] mas foi Deus que, com a sua mão, o colocou para sempre junto a eles.[52]

Com a Operação Esperança, Dom Helder também estava cumprindo um pedido que recebera do amigo Papa Paulo VI, ou seja, estava começando "o trabalho das casas" em Recife.[53] Como bom pastor que veio para que todos tenham vida e a tenham em abundância, o Dom colaborava para que o povo sofrido e explorado do Nordeste se organizasse e passasse a reivindicar seus direitos, iniciando, assim, a mudança da situação.[54] As atividades da Operação Esperança foram importantes para dar notoriedade mundial à Arquidiocese de Olinda e Recife. Nos encontros com Paulo VI, Dom Helder gostava de falar das ações amorosas, esperançosas e cheias de fé que a Operação Esperança realizava no coração do Nordeste.

---

[50] G. WEIGNER, *Helder Camara: la voce del mondo senza voce*, p. 48.

[51] Ibid., pp. 47-48.

[52] Circular 18 de 27/28.9.1965.

[53] Circular 176 – 13 de 10/11.4.1965.

[54] M. CONDINI, *Dom Helder Camara: um modelo de esperança*, p. 39.

CAPÍTULO V

Amizade provada

> Encontro sempre o mesmo Dom Helder
> de minha visita ao Rio,
> de sua visita a Milão,
> das cartas que não esqueço!
> *Paulo VI*

O pastoreio de Dom Helder Camara como arcebispo de Olinda e Recife (1964-1985) coincidiu com o período da repressão militar e da lenta abertura democrática. Em nome do Evangelho de Jesus Cristo, Dom Helder fez uma profunda opção pelos pobres e se dispôs a dialogar com todos, inclusive com o regime militar, mas este foi fechando todas as portas e janelas, pois não queria diálogo e não suportava a verdade evangélica defendida pelo arcebispo.

O regime fez grande perseguição a Dom Helder, criando situações para denunciá-lo como *perigoso ou maléfico para o Brasil e para a Igreja*, e esta deveria tomar sérias providências. Assim, os sustentadores da ditadura queriam salvar a Igreja do perigo que lhe representava Dom Helder...

Como agiria, agora, Paulo VI? A amizade espiritual dos dois se manteria perante tantas denúncias, fofocas, maldades, mal-entendidos? Diversos e excelentes estudos foram feitos sobre as calúnias que foram impetradas a Dom Helder.[1] Neste iremos nos deter em poucos casos, a fim de brevemente ilustrarmos como se processou a relação entre Dom Helder e Paulo VI naquele triste e conturbado período da história.

1. "É, de fato, uma revolução espiritual a Igreja de João XXIII e Paulo VI"

No dizer de Piletti e Praxedes, "entre o Papa Paulo VI e Dom Hélder Câmara havia muito mais que uma grande amizade: havia a poderosa Cúria Romana",[2] que acolhia as queixas do governo autoritário brasileiro e de setores

---

[1] Citamos como exemplo: S. A. FERRARINI, *A imprensa e o arcebispo Vermelho*: 1964-1984; N. PILETTI; W. PRAXEDES, *Dom Hélder Câmara: entre o poder e a profecia*; M. CIRANO, *Dom Helder: Pastor da Liberdade*, (acesso 20.6.2014); ID., *Os caminhos de Dom Hélder: perseguições e censura (1964-1980)*; I. A. RAMPON, *O caminho espiritual de Dom Helder Camara*, (especialmente o V capítulo).

[2] N. PILETTI; W. PRAXEDES, *Dom Hélder Câmara: entre o poder e a profecia*, p. 422. Ainda em 1946, a Cúria teria recebido um alerta de que o Rio de Janeiro não perdoaria Dom Jaime por indicar como bispo auxiliar um padre integralista. Em 1950, Montini alertou Monsenhor Helder de que deveria tomar cuidado, pois havia chegado ao Vaticano uma pequena publicação da revista *Juventude*, enviada por autoridades brasileiras, sugerindo a necessidade de uma censura por causa do excesso de modernismo. Durante o segundo período do Vaticano II, Dom Helder foi surpreendido pela notícia de que a secretaria do Estado do Vaticano havia recebido um dossiê que o acusava de comunista. Em 1964, para apressar a sua transferência do Rio de Janeiro, o Cardeal Câmara teria enviado ao Vaticano um informe denunciando o envolvimento político de seu auxiliar (Ibid., pp. 184-185; 289, 291).

conservadores da própria Igreja no Brasil, os quais se opunham à linha conciliar adotada por Dom Helder e o denunciavam a dicastérios romanos.

12 de abril de 1964. Os responsáveis pelo regime militar queriam o apoio de Dom Helder, ou, ao menos, que nada falasse perante as torturas e as outras arbitrariedades que já estavam acontecendo, naqueles primeiros dias da "Revolução". Foi assim que, no dia seguinte à posse, o comando do IV Exército "enviou um recado", através de um gesto, insinuando o que esperava do novo arcebispo: estava Dom Helder almoçando com Dom Távora, quando o palácio foi invadido por quatro soldados e um oficial armado. Disseram que foram lá prender Viola Pierre (ligada ao Pe. Lebret) e Maria Antônia, aludindo que estavam escondidas na residência episcopal. Dom Helder mostrou a gravidade que significava aquela invasão, ligou para o coronel Justino e, com coragem, disse estar indignado com a ação. Os próprios soldados ficaram apavorados...

É provável que os generais do IV Exército visassem, com esse gesto, intimidar o novo arcebispo. Depois, quando ficaram sabendo da amizade de Dom Helder com o presidente Castelo Branco e sua esposa, os generais mudaram de tática: ofereceram até mordomias[3] e, o arcebispo, como retribuição aos bons tratamentos, participou de eventos militares,[4] chegando a pensar que a "Revolução" poderia se tornar uma iniciativa democrática.[5] O arcebispo até

---

[3]   J. GONZÁLEZ, *Helder Camara: il grido dei poveri*, p. 141; J. CAYUELA, *Helder Camara – Brasil: ¿un Vietnam católico?*, p. 12.

[4]   Circular 14 de 8/9.5.1964.

[5]   Circular 14 de 8/9.5.1964.

sonhou que o ex-prisioneiro Paulo Freire pudesse ser seu colaborador na missão catequética.[6]

Mas todo esse otimismo não se sustentará perante os fatos. Ao contrário, crescerão as indagações e perplexidades diante do modo de agir dos *revolucionários*. Em maio de 1964, o Dom precisou recomendar aos padres "prudência nesta hora difícil".[7] Em agosto de 1964, antes de viajar para o quarto período do Vaticano II, teve uma difícil conversa de duas horas com o general Muricy, depois da prisão de Romeu Padilha, seminarista que fazia um estágio externo antes do diaconato. O arcebispo disse-lhe:

> "Vocês estão superados. Enquanto se arrastam na busca de possíveis conspiradores de ontem, não estão acompanhando, dentro da própria casa, as marchas e contramarchas dos conspiradores de hoje". [...] General: quem fala é o seu bispo. Um homem que cada vez mais deseja não ter nem sombra de travo no coração. Aceita este aviso fraterno: o tempo está correndo contra a Revolução. Ela venceu depressa demais. A sinceridade do anticomunismo de muitos militares foi envolvida, alargada, tornada irresistível pelo anticomunismo de homens de empresa que só queriam defender os próprios interesses.[8]

Natal de 1964. Assim que chegara a Recife, Dom Helder intercedeu por alguns pastores protestantes presos pelo regime militar, juntamente com jovens da ACO. Esta ação abriu espaços para excelentes relações com várias denominações protestantes. No entanto, na Vigília de Natal, ele

---

6   Circular 53 de 12/13.7.1964. O maior pedagogo do Brasil, no entanto, foi exilado.

7   Circular 16 de 11/12.5.1964.

8   Circular 66 de 4/5.8.1964.

recebeu uma Nota do Santo Ofício que lhe comunicava uma denúncia e lhe oferecia uma oportunidade para corrigir "algumas coisas e palavras [...] caso não tenham sido feitos com objetividade".

O teor da denúncia era: Dom Helder, em uma Igreja presbiteriana, elogiou os protestantes e condenou os exageros dos católicos na devoção aos santos e a Maria; na televisão, escandalizava fiéis com atitudes e gestos, dizendo, por exemplo, que se compraz vendo jovens namorando nas praças, sabendo que depois eles se casarão na Igreja; apresentando como modelo um pai que entrega a chave da casa ao filho, quando este completa 18 anos; afirmando a honestidade dos bailes entre os jovens e até permitindo aos jovens dançar no próprio palácio.[9]

O Dom optou por dar uma "resposta objetiva e sobrenatural" diante dessa oportunidade que a Providência lhe oferecia de apresentar a visão do Vaticano II ao Santo Ofício: "Agradeço a Deus nem ter a tentação de irritar-me contra os meus acusadores. Estão no direito deles. É, de fato, uma Revolução espiritual a Igreja de João XXIII e Paulo VI".[10] Graças à capacidade argumentativa de Dom

---

[9]   A nota fora escrita em latim. Tanto o texto original quanto a tradução estão na Circular 115 de 23/24.12.1964. Na verdade, Dom Helder havia participado de um culto ecumênico em uma Igreja Anglicana.

[10] Circular 115 de 23/24.12.1964. A interessantíssima resposta de Dom Helder – um "pequeno curso sobre o espírito do Vaticano II" – encontra-se na Circular 116 de 25/26.12.64. Dom Helder conclui a correspondência dizendo: "Permitiu a Providência Divina fosse a Carta de Vossa Eminência a Oferenda de Natal que levei ao presépio. Com os meus 55 anos de idade, meus 33 de sacerdote, meus 12 anos de bispo e meus nove anos de arcebispo, estou causando apreensões ao Santo Ofício. Pedi ao Menino Deus: • que eu morra antes de causar uma apreensão

Helder, bem como do seu bom relacionamento com alguns eclesiásticos no Vaticano, inclusive Paulo VI, o processo não teve prosseguimento.[11] Dom Helder, de fato, contava com o grande apoio de Paulo VI, que lhe pedira para assumir firmemente a missão de "levar a cidades-chave do mundo o que o Vaticano II nos traz de melhor: a atitude de diálogo; o espírito ecumênico; a decisão de servir...".[12] E isto estava se efetivando no coração do Nordeste, embora o regime não quisesse isto da Igreja...

Março de 1965. Atendendo ao convite de um organismo francês, a Associação dos Amigos de Teilhard de Chardin, Dom Helder viajou para a Europa, a fim de fazer uma conferência sobre o jesuíta que ele muito estimava e que dava fundamentos teóricos à sua mística e espiritualidade. Dom Helder também fez conferências em Genebra,[13] encontrou-se com o Pe. Häring, que comentou sobre a cruz que o Dom estava portando no peito,[14] visitou Carlo e outros amigos pobres de Roma, celebrou missa pela primeira vez no túmulo de João XXIII e fez uma palestra, em Paris, no

---

justificada à Santa Sé; • que eu e meus irmãos bispos e sacerdotes encontremos, sempre mais, no Santo Ofício, estímulo ao invés de desconfiança, apoio ao invés de castigo".

[11] N. PILETTI; W. PRAXEDES, *Dom Hélder Câmara: entre o poder e a profecia*, pp. 358-359. Piletti e Praxedes afirmam que provavelmente o Cardeal Alfredo Ottaviani estivesse tentando intimidar Dom Helder, uma vez que o arcebispo, juntamente com outras autoridades eclesiásticas, visava à supressão do Santo Ofício.

[12] Circular 62 de 3/4.11.1964. Escrita em Berna, Suíça.

[13] Circular 176 – 1 de 27/28.3.1965.

[14] "Flagrante delicioso. Ontem, o grande Padre Häring, quando me viu entrar, não se conteve, veio ao meu encontro e disse: 'Agora, sim, o Sr. encontrou a cruz adequada. Não a troque mais, nem mesmo quando for cardeal'..." (Circular 176 - 3 de 29/30.3.1965).

Mutualité.[15] A viagem também serviu de justificativa para não estar presente nas comemorações do primeiro aniversário da "Revolução".

Como era seu costume e desejo, visitou Paulo VI. Na ocasião relatou como estava a missão em Olinda e Recife, inclusive as dificuldades em relação ao regime militar. Paulo VI o encorajou e lhe pediu que fizesse em Recife o "trabalho das casas" e fosse "para o meio do povo",[16] sem pastor defensor do povo pobre. Deveria ser pastor presente nas favelas, nos morros, nos alagados, nos córregos... Deveria estar com o povo oprimido!

Mas, retornando ao Brasil, Dom Helder evidenciou novos e profundos problemas. O regime não "perdoou" o Dom por não ter agradecido a Deus o afastamento do perigo comunista... O Núncio Apostólico Sebastião Baggio foi bombardeado de cartas anônimas contra o arcebispo. O Núncio lhe enviava as cartas. Dom Helder anotou, no entanto, que "os covardes missivistas não perdem de todo o tempo, pois, no fundo, Sua Excelência se impressiona bastante...".[17] O regime queria a todo o custo silenciar a voz da liberdade!

---

[15] Em Roma, o embaixador do Brasil junto à Santa Sé, Henrique de Souza Gomes, estava tentando impedir sua conferência na França. Na verdade, o Governo brasileiro tinha medo de que Dom Helder falasse dos crimes cometidos com o aval do Governo (Circular 176 – 7 de 2/3.4.1965; Circular 176 – 9 de 4/5.4.1965; Circular 176 – 9 de 4/5.4.1965; N. Piletti – W. Praxedes, *Dom Hélder Câmara: entre o poder e a profecia*, pp. 327-328).

[16] Circular 176 – 4 de 30/31.3.1965.

[17] Circular 181 de 20/21.4.1965.

2. "Você cresceu por dentro, mas continua humilde [...]. Seu sorriso e seu olhar não envelhecem..."

Semana Santa de 1966. No final da procissão do Bom Jesus dos Passos, com a presença das mais altas autoridades do Estado, o general Muricy quis fazer um "apelo de amigo": é que não passava "despercebido às autoridades revolucionárias que eu sempre descubro uma viagem nas grandes datas da Revolução. Desta vez, chegou a haver apostas dentro do IV Exército" sobre a sua presença ou ausência no segundo aniversário do regime. Por via de dúvidas, sem o consentimento de Dom Helder, a TV estava anunciando a sua presença nas celebrações.[18]

No dia 28 de março de 1966, o general Muricy decidiu fazer um giro por Manguinhos e comentou que o palácio lembrava a ONU: muitos visitantes estrangeiros estavam ao redor de Dom Helder, entre eles, um sacerdote anglicano da Inglaterra e uma comissão de senadores e deputados franceses. O general insistiu para que Dom Helder celebrasse a missa do segundo aniversário do golpe militar. O arcebispo se dilacerava interiormente perante o *ultimatum*: ir era horrível, não ir era a prova declarada de que era adversário da "Revolução". Além disto, o IV Exército tinha dado instruções para que a Agência Nacional de Notícias obtivesse uma declaração do arcebispo sobre a "Revolução", o que não pretendia fazer, porque, "se eu der o que

---

[18] Circular 64ª de 25/26.3.1966; PILETTI – W. PRAXEDES, *Dom Hélder Câmara: entre o poder e a profecia*, p. 330; I. A. RAMPON, *O caminho espiritual de Dom Helder Camara*, pp. 251-252.

consciência me inspira, é impublicável! Que fez esta pobre Revolução em dois anos?... E como vai sair da situação que armou? Se ao menos nos deixassem em paz!".[19]

Os "revolucionários" divulgavam na imprensa que o arcebispo presidiria a missa na qual estaria presente o Ministro da Guerra, Costa e Silva – que visava à presidência –, e o próprio Muricy – que visava ao governo de Pernambuco. A presença de Dom Helder, além de aprovação ao golpe, significaria propaganda política para os dois. Na noite de terça-feira, amigos, colaboradores, sacerdotes, militantes da ACB – Ação Católica Brasileira foram ao palácio pedir-lhe que não fosse às comemorações.[20] Dom Helder também ouviu o conselho de Dom Lamartine e outros assessores diretos no governo da arquidiocese. Eles achavam que o Dom não deveria comparecer... Dom Helder afirmou: "Não é fácil ser bispo!".[21] No dia 30 de março, o capelão militar-chefe levou uma carta de Dom Helder dirigida ao general do IV Exército:

> Em consciência, acabei sentindo a impossibilidade de celebrar a missa campal de abertura dos festejos do 2º aniversário da Revolução. A cerimônia é tipicamente cívico-militar e não religiosa. E há sérias razões para nela descobrir uma indiscutível nota política. O capelão-chefe celebrará a Santa Missa. Privadamente, pedirei a Deus que ilumine os chefes revolucionários, de modo a poderem corresponder, sempre mais, às graves

---

[19] Circular 66ª de 28/29.3.1966.

[20] Circular 66ª de 28/29.3.1966; N. Piletti – W. Praxedes, *Dom Hélder Câmara: entre o poder e a profecia*, pp. 331-332.

[21] Circular 67ª de 29/30.3.1966.

responsabilidades que assumiram ante o país. Disponha sempre, Exa. do amigo em J.C.[22]

A reação foi muito mais grave e violenta do que Dom Helder pensava. Ele soube, por pessoas de extrema confiança, que o general estava decidido a eliminá-lo: "vamos partir para liquidar este homem", "Precisamos tirar esta pedra do caminho...". O general Muricy, em pronunciamento dado à televisão, condenou a malévola e inconcebível interpretação dada pela mais alta autoridade eclesiástica de Pernambuco, que havia descoberto interesses políticos nas comemorações da "Revolução".[23]

O IV Exército divulgou, no dia 1º de abril, uma nota oficial, anunciando "a consagração" das comemorações e lamentando a explosão de nove bombas em diferentes pontos da cidade, de certa forma, insinuando alguma relação com a não presença do arcebispo nas comemorações: "é de se lamentar também que o arcebispo de Olinda e Recife se tenha recusado a celebrar a missa de aniversário da Revolução (depois de ter aceito celebrá-la)...". Dom Helder resolveu nada comentar, pois "quem não me entende e não me aprova não iria entender e aprovar quaisquer que fossem as explicações apresentadas...".[24]

Além disso, no mesmo dia, foram presos vários militantes estudantis, do MEB e da JUC – Juventude Universitária Católica, entre eles a irmã do Pe. Marcelo Carvalheira, reitor do seminário. O objetivo era afrontar Dom Helder.

---

[22]   Circular 68ª de 30/31.3.1966.

[23]   Circular 69ª de 31.3./1.4.1966.

[24]   Circular 70ª de 1/2.4.1966.

Paulo IV e Dom Helder Camara

Mais tarde, o arcebispo soube, por fontes confidenciais, que também fora denunciado a "superiores eclesiásticos" como comunista e pessoa não grata à "Revolução", com o pedido de seu afastamento de Recife.[25] Na vigília daquela madrugada, o Pe. José meditou sobre martírio, ódio, perdão, amor e coragem, escrevendo três belas meditações...[26]

No dia 22 de abril de 1966, Dom Helder visitou Paulo VI. Falou das suas pregações, em diversas partes do mundo, em prol da justiça e da paz. Paulo VI lhe disse:

> Qualquer ato seu, qualquer palavra sua tem ressonância mundial. É mais importante para a imprensa europeia e norte-americana saber o que você pensa do que conhecer o pensamento de qualquer cardeal, mesmo norte-americano. Digo isto não porque tenha o mais leve receio de seu pensamento ou de sua atuação. Graças a Deus, nos conhecemos há tanto tempo... Lembra-se de nosso primeiro encontro? Você cresceu por dentro, mas continua humilde como o quase seminarista que encontrei em 1950... Seu sorriso e seu olhar não envelhecem. A criança continua viva dentro de você... Aproveite esta fama. Sem deixar de ser o pastor de Olinda e Recife – e graças a Deus você tem alma de pastor –, lembre-se de que não há, na Igreja, muitos cuja voz seja ouvida como a sua.[27]

---

[25] Circular 70ª de 1/2.4.1966.

[26] Durante o período de seminário, Helder iniciou suas meditações que, após a ordenação sacerdotal, tornaram-se constantes e, atualmente, as meditações do Pe. José é uma fonte incomparável para compreender a mística helderiana. Calcula-se que o Instituto Dom Helder Camara dispõe de 7.500 poemas-meditações do Pe. José, a maioria inéditos (I. A. RAMPON, *O caminho espiritual de Dom Helder Camara*, pp. 397-412).

[27] N. PILETTI; W. PRAXEDES, *Dom Hélder Câmara: entre o poder e a profecia*, p. 359.

Paulo VI, então, quis saber como o amigo estava sendo tratado pelo Governo brasileiro, e Dom Helder lhe contou o episódio de não ter rezado a missa em ação de graças pelo regime militar e, também, das ameaças de que seria removido da arquidiocese. O papa concordou com ele de não ter rezado a missa e afirmou textualmente: "Esta pobre Revolução não resolveu e não resolverá os problemas fundamentais do país. Falta-lhe energia e envergadura para tanto". No final desse mesmo encontro, Paulo VI quis saber o que Dom Helder pensava de uma possível nomeação a cardeal – e isto foi secretíssimo.[28]

16 de julho de 1966. Dom Helder se surpreendeu ao ler o *Jornal do Commercio* criticando o apoio dos bispos do Nordeste a uma Nota da ACO – Ação Católica Operária – que relatava as péssimas condições de vida e as perseguições impostas à classe operária no Nordeste.[29] O artigo não continha a assinatura do autor.[30] Posteriormente, o arcebispo soube que o *Jornal do Commercio* e o *Diário de Pernambuco* foram obrigados, pelo IV Exército, a não publicar o texto dos bispos apoiando a ACO e a criticar a Igreja.[31] No dia 6 de agosto, Dom Helder fora informado de que o Manifesto dos Bispos do Nordeste teve repercussões também na

---

[28] Ibid., pp. 359-360.

[29] Circular 118ª de 16/17.7.1966; "Manifesto dos bispos do Nordeste", *Boletim Arquidiocesano* (1965-1966), 47-48; "Bispos do Nordeste lançam Manifesto de solidariedade a trabalhadores da região", *Jornal do Brasil*, 14.7.1966; L. Muratori, Le sue parole e l'Opera. In: R. Bourgeon, *Il profeta del Terzo Mondo*, pp. 248-249; M. Cirano, *Os caminhos de Dom Helder: perseguição e censuras (1964-1980)*, pp. 21-22.

[30] "Cristo, César e o templo", *Jornal do Commercio*, 16.7.1966; N. Piletti; W. Praxedes, *Dom Hélder Câmara: entre o poder e a profecia*, pp. 335-336.

[31] Circular 125ª de 27/28.7.1966.

Paulo IV e Dom Helder Camara

10ª Região Militar (Fortaleza), sob o comando de Itiberê Gurgel do Amaral. Este distribuiu duas circulares secretas para alguns sacerdotes cearenses, acusando o arcebispo de ser agitador, de esquerda, aliado à Ação Popular, e de criticar injustamente o Governo revolucionário.[32]

Um grupo de sacerdotes escreveu um protesto contra as acusações, pedindo esclarecimentos do general. Seis dias depois, as circulares secretas foram publicadas no primeiro caderno do *Jornal do Brasil*, com o título "Exército acusa Padre Helder de agitador", ganhando repercussão nacional.[33] Gurgel insinuava que o arcebispo estava desorganizando a Igreja Católica a fim de que as forças comunistas opostas ao Governo militar entrassem em ação. Estas já consideravam o momento maduro, pois a Igreja estava suficientemente desorganizada.[34] Segundo Gurgel "existe em Hélder Câmara mais um ideólogo político – a serviço indireto de uma causa que se está valendo, nacional e internacionalmente, dele – que um sacerdote unicamente a serviço de sua Igreja...".[35] As circulares, na verdade, foram preparadas pelo IV Exército, mas deveriam ser entregues

---

[32] Circular 132ª de 6/7.8.1966.

[33] "Exército acusa Padre Hélder de agitador", *Jornal do Brasil*, 12.8.1966, 1-2 e 1º Caderno; Circular 135ª de 12/13.8.1966; N. PILETTI; W. PRAXEDES, *Dom Hélder Câmara: entre o poder e a profecia*, pp. 337-338; M. CIRANO, *Os caminhos de Dom Helder: perseguição e censuras (1964-1980)*, pp. 17-18.

[34] I. G. do AMARAL, Circular de Itiberê Gurgel do Amaral. In: M. CIRANO, *Os caminhos de Dom Helder: perseguição e censuras (1964-1980)*, p. 27. Para Gurgel, portanto, a missão da Igreja seria a de legitimar o regime militar e contrariar todas as outras posturas. Dom Helder, no entanto, preferia o diálogo com todos e o respeito à dignidade humana.

[35] I. G. do AMARAL, Circular de Itiberê Gurgel do Amaral . In: M. CIRANO, *Os caminhos de Dom Helder: perseguição e censuras (1964-1980)*, p. 28.

ao clero dos campos militares da região, visando mostrar que a Igreja era pura e fiel, mas que Dom Helder e os seus estavam buscando corrompê-la.

Leigos, sacerdotes e bispos de várias partes do Brasil, progressistas e conservadores, manifestaram-se em solidariedade a Dom Helder. Em pouco tempo, foram recolhidas 20 mil assinaturas em solidariedade.[36] Como a imprensa cogitara que o chanceler brasileiro, Juracy Magalhães, em uma audiência com o Paulo VI, havia solicitado a transferência e a neutralização de Dom Helder,[37] os apoios ao arcebispo cresceram ainda mais. A adesão não veio só da Igreja, mas também de partidos políticos como o MDB e até da ARENA. O deputado Nelson Marchesan (ARENA-RS) divulgou nota dizendo que Dom Helder representava o que a Igreja tinha de melhor.[38] Em todas essas perseguições e difamações, o apoio de Paulo VI servia de força para

---

[36] "Dom Fernando [Gomes dos Santos] defende P. Helder", *Jornal do Brasil*, 13.8.1966; "Dom Valdir [Calheiros] prefere Igreja Perseguida", *Jornal do Brasil*, 13.8.1966; "Mais solidariedade a D. Helder", *Última Hora*, 13.8.1966; "Solidariedade dos religiosos e dos leigos", *Boletim Arquidiocesano* (1965-1966) 39; "Solidariedade a Dom Helder", *Diário da Manhã*, 15.8.1966; "Dom Agnelo apoia com decisão a obra do Padre Helder", *Jornal do Brasil*, 30.8.1966...

[37] "Cogitado o afastamento de D. Helder Camara do Brasil", *Diário de S.Paulo*, 17.8.1966; "Arcebispo: ficarei em Pernambuco", *Última Hora*, 17.8.1966; "Organizações Católicas do Recife dão apoio a Padre Hélder", *Jornal do Brasil*, 17.8.1966; "Afastamento de Padre Hélder preocupa católicos do Recife", *Jornal do Brasil*, 25.8.1966; "Dom Hélder não será afastado do Recife. E cessarão equívocos", *Diário da Manhã*, 29.8.1966; "Cúria desmente notícia da transferência de Dom Hélder da arquidiocese", *Jornal do Commercio*, 30.8.1966; "Dom Hélder será mantido no Nordeste", *Jornal do Commercio*, 18.9.1966...

[38] "Arena-RS também apoia a Igreja", *Última Hora*, 17.8.1966; "MDB: Audácia teve testemunhas", *Última Hora*, 17.8.1966.

Dom Helder. Ele sabia que estava agindo em sintonia com o "vigário de Cristo", o sucessor de Pedro, pois, para ele, se perdesse o apoio de Roma – especialmente do papa –, seria como se viesse a faltar terra debaixo dos pés.[39]

Setembro de 1966. Apesar de tanta gentileza e afeto recebidos do sucessor de Pedro, a Sagrada Congregação dos Negócios Eclesiásticos Extraordinários, vinculada à secretaria de Estado, enviou a Dom Helder uma carta condenando várias passagens de um texto que ele pretendia apresentar na X Assembleia Extraordinária do CELAM, em Mar del Plata, Argentina.[40] Também alertava o arcebispo para que não entrasse em confronto com as autoridades civis, em particular, posicionando-se contra a limitação dos direitos civis, uma vez que o Vaticano queria manter boas relações com o Governo brasileiro.[41] Quanto a uma proposta que iria apresentar para que "o CELAM suplique ao Santo Padre, Peregrino da Paz, que haja para o bem

---

[39] H. CAMARA, *O deserto é fértil*, 34; N. PILETTI; W. PRAXEDES, *Dom Hélder Câmara: entre o poder e a profecia*, pp. 363-380.

[40] A Assembleia foi sugerida por Paulo VI, na exortação apostólica dirigida aos bispos da América Latina, em 24 de novembro de 1965, conclamando a Igreja a ser presença no desenvolvimento e na integração do continente. Realizou-se de 9 a 16 de outubro de 1966 e reiterou a urgência das reformas estruturais. No texto, Dom Helder defendia uma educação de base conscientizadora, superando a mera alfabetização e que seguisse as trilhas do MEB. A Congregação explicava que "mal acaba de compor-se um grave desentendimento entre o governo e o Movimento de Educação de Base" e Dom Helder tornava a sustentar uma educação popular "conscientizadora", que superasse a "mera alfabetização, mesmo que completada com um simulacro de voto".

[41] N. PILETTI; W. PRAXEDES, *Dom Hélder Câmara: entre o poder e a profecia*, p. 360. Importante registrar que Dom Helder recebeu essa carta pouco depois de dois encontros do chanceler brasileiro Juracy Magalhães com Paulo VI, no Vaticano.

convocar uma Assembleia do Sínodo dos Bispos...", o comentário da Congregação foi que isto se tratava de um ato de exclusiva competência do Sumo Pontífice e era conveniente não interferir dando sugestões, sobretudo, públicas. Portanto, a Congregação, mais do que sugestões, esperava de Dom Helder moderação, não só em questões de natureza política, mas também eclesiásticas.[42]

Dom Helder, por sua vez, não conseguia compreender as posições paradoxais do Vaticano: o papa lhe pedia para continuar pregando, com coragem, o Evangelho da justiça e da paz pelo mundo afora, e aos seus assessores diretos para moderar seus pronunciamentos.[43] O que estava acontecendo? O que fazer? Além disso, não dava para imaginar que o Vaticano estivesse mal informado, pois, entre 1964-1970, vários colaboradores de Paulo VI visitaram Recife, levando boas notícias ao papa: Monsenhor Carlo Colombo, amigo pessoal e teólogo do papa; Monsenhor Toniolo Ferrari, da Comissão Pontifícia para os Meios de Comunicação Social, além do Cardeal Suenens, que se hospedou por muitos dias no palácio arquidiocesano.

Novembro de 1967. O jornal *O Estado de S.Paulo* acusou Dom Helder de infidelidade a Paulo VI, pois, segundo o papa, a Igreja não é especialista em economia e sociologia...[44] Como o povo brasileiro tem profunda veneração pelo Sucessor de Pedro, esta notícia buscava promover divisões no seio da própria Igreja. No início de dezembro de 1967, o

---

[42] Ibid.

[43] Ibid., pp. 360-361.

[44] "Estadão volta a criticar Dom Helder, *Diário da Noite*", 13.11.1967.

mesmo jornal afirmou que havia uma "esquerda clerical" e que esta era representada "pelo arcebispo de Olinda e Recife, e seus acompanhantes: os bispos de Crateús, Santo André e Volta Redonda".[45] A divulgação, no entanto, gerou tumulto e dividiu o próprio Governo; o presidente Costa e Silva se viu obrigado a ir a público e reafirmar, durante uma Campanha do Rosário em Família, que não havia crise entre Estado e Igreja.[46]

Em abril de 1968, Dom Helder viajou para a Europa e fez diversas conferências denunciando o colonialismo (externo e interno) e pregando a não violência ativa, seguindo, assim, a trilha de Gandhi e Martin Luther King. Entre outras atividades, fez um discurso no Congresso Mundial da Federação das Juventudes Femininas Católicas e da Federação Internacional das Juventudes Católicas, em Berlin Ocidental,[47] participou de uma Semana Social em homenagem ao Monsenhor Cardjin, na Bélgica,[48] fez uma conferência aos estudantes no Pontifício Colégio Pio Brasileiro, em Roma, e uma conferência no *La Mutualité*, em Paris. Durante a viagem, encontrou-se com o amigo Paulo VI, reafirmando e consolidando a amizade espiritual, apesar de todos os golpes usados para arruiná-la. Paulo VI o

---

[45] *O Estado de S.Paulo*, 7.12.1967. In: F. PRANDINI; V. A. PEDRUCCI; R. DALE, *As relações da Igreja-Estado no Brasil*, II, 41.

[46] *Folha de S.Paulo*, 8.12.67. In: F. PRANDINI; V. A. PEDRUCCI; R. DALE, *As relações da Igreja-Estado no Brasil*, II, 41.

[47] H. CAMARA, Los jóvenes exigen y construyen la paz. In: J. CAYUELA, *Helder Câmara – Brasil: ¿un Vietnam católico?*, p. 255.

[48] Id., A pobreza na abundância. In: H. CAMARA, *Utopias peregrinas*, pp. 29-48.

116   Ivanir Antonio Rampon

estimulou a continuar a sua missão de pregador da justiça
e da paz, apesar dos obstáculos...

24 de julho de 1968. Novamente surge um problema que
poderia abalar a amizade entre Dom Helder e Paulo VI. É
que Dom Helder tornou-se o primeiro bispo da história
do Brasil a ser denunciado publicamente por outro bispo.
Dom Geraldo de Proença Sigaud, arcebispo de Diaman-
tina e um dos mais ilustres membros da extrema direita,
concedeu uma entrevista à imprensa denunciando a "cor-
rente esquerdista" da Igreja, na qual incluía Dom Helder
e outros sacerdotes.[49] Naquela mesma data, juntamente
com outros sacerdotes conservadores, Sigaud enviou uma
carta ao presidente do Brasil, marechal Artur da Costa e
Silva, denunciando a "ala esquerdista e subversiva da Igreja".[50] No dia 11 de agosto, o grupo enviou uma carta semelhante ao presidente da CNBB, Cardeal Agnelo Rossi.[51]
Desse modo, também Dom Sigaud tornou-se o primeiro
bispo da história brasileira a fazer uma denúncia públi-
ca contra um grupo progressista. A partir de então, ele se
tornou o mais frequente acusador de Dom Helder dentro

---

[49] "Dom Geraldo justifica a ação do Conselho de Segurança", *Jornal do Brasil*, 24.7.1968; "Bispos são contra esquerdismo e conclamam à harmonia", *Diário de Pernambuco*, 24.7.1968; "Esquerdas sofrem grande derrota,
afirma Dom Sigaud", *O Globo*, 24.7.1968.

[50] G. SIGAUD, Carta ao Presidente do Brasil. In: M. CIRANO, *Os caminhos de
Dom Helder: perseguição e censuras (1964-1980)*, pp. 53-54.

[51] Id., Carta ao presidente da CNBB. In: M. CIRANO, *Os caminhos de Dom
Helder: perseguição e censuras (1964-1980)*, pp. 55-56; "Arcebispos e bispos
condenam excessos cometidos em nome da reforma da Igreja", *Diário de
Pernambuco*, 11.8.1968.

do clero.[52] Como iria reagir Paulo VI? Ficaria do lado de Sigaud e afins ou de Camara e os seus?

A acusação de Dom Sigaud deu resultado contrário. Durante a Conferência de Medellín, Dom Helder recebeu significativos apoios da hierarquia latino-americana e do próprio Paulo VI, que, por meio de seu principal colaborador, Monsenhor Giovanni Benelli, mandou um recado dando-lhe um significativo apoio para continuar... A amizade espiritual de Montini e Camara resistiu a provas de fogo...

Convém dizer que todos esses apoios foram importantíssimos, porque a TFP – Movimento Tradição, Família e Propriedade havia aproveitado a visita do papa à Colômbia para lhe entregar um documento com um milhão e seiscentas mil assinaturas de pessoas contrárias ao arcebispo de Olinda e Recife.[53] Dom Sigaud não desistiu... Ele continuou denunciando, nos meios políticos e militares, o "comunismo infiltrado na Igreja e nas universidades".[54]

---

[52] "Esquerdas sofrem grande derrota, afirma Dom Sigaud", *O Globo*, 24.7.1968; "Arcebispos condenam excessos cometidos em nome da reforma da Igreja", *Diário de Pernambuco*, 11.8.1968; "D. Geraldo Sigaud diz saber de um seminário onde a rádio de Moscou é a mais ouvida", *Jornal do Brasil*, 16.8.1968; "D. Geraldo achou desleal a eleição para ir ao CELAM", *Jornal do Brasil*, 21.8.1968; "Bispo reafirma que há comunista na Igreja", *Jornal do Commercio*, 1.9.1968; "D. Sigaud diz que só não entra para a TFP porque é movimento civil", *Jornal do Brasil*, 14.9.1968.

[53] N. Piletti; W. Praxedes, *Dom Hélder Câmara: entre o poder e a profecia*, pp. 352-353. A TFP realizou campanhas de assinaturas contra a "infiltração comunista no seio da Igreja" em 158 cidades do país com apoio de governantes e militares.

[54] F. Prandini; V. A. Pedrucci; R. Dale, *As relações da Igreja-Estado no Brasil*, II, pp. 104-109.

118 Ivanir Antonio Rampon

Esta acusação não poderia passar despercebida a um papa que também a recebera quando era Metropolita de Milão...

3. "[...] profunda emoção dolorosa"

26 de maio de 1969. O golpe mais duro contra Dom Helder ainda estava por vir. Como Dom Helder apoiava as manifestações estudantis e manifestava-se contra a prisão e cassação de estudantes, novas represálias lhe foram feitas: na madrugada de 28 de abril de 1969, a sede do secretariado arquidiocesano e da Cúria foi metralhada e a polícia "não descobriu" os autores do atentado. Ao anoitecer, o estudante Cândido Pinto de Melo, presidente da UNE – União Nacional de Estudantes – de Pernambuco, foi atingido na espinha dorsal por alguns projéteis disparados por membros do CCC – Comando de Caça aos Comunistas. Estes fatos levaram Dom Helder, novamente, a vislumbrar o seu futuro assassinato.

No início de maio, no entanto, o arcebispo intuiu que o esquema poderia ser outro: deveriam acontecer vários disparos contra a Igreja das Fronteiras e outros prédios da Igreja e, depois, um atentado pessoal, mas com ordem expressa de não atingi-lo. Seguiriam, então, pressões junto ao Núncio informando que não haveria condições de garantir-lhe a vida, se ele permanecesse em Recife. No entanto, o Dom errou em sua previsão.[55] A próxima represália o

---

[55] N. Piletti; W. Praxedes, *Dom Hélder Câmara: entre o poder e a profecia*, pp. 354-355.

Paulo IV e Dom Helder Camara

atingiu *no peito*. Foi o assassinato/martírio do Pe. Henrique Pereira Neto, de 28 anos,[56] na noite de 26 de maio de 1969. Quando Pe. Henrique fora ordenado sacerdote, no Natal de 1965, Dom Helder o acolheu como o filho do próprio sangue que nunca havia tido.[57] O crime logo foi visto como uma perseguição desencadeada contra a Igreja Católica de Pernambuco, especialmente, à linha assumida pelo arcebispo metropolitano.[58] A Arquidiocese de Recife e Olinda recebeu muitas cartas de solidariedade e apoio naquela difícil hora. O amigo Paulo VI, em seu telegrama, escreveu que sentia "profunda emoção dolorosa", compartilhando a dor e o luto com Dom Helder e a arquidiocese. Suplicava "penhor dons divinos para superar momento provação concedemos mesmos familiares, Vossa Excelência diletos Filhos dessa Arquidiocese e todo o querido Povo brasileiro pesaroso conosco por tão triste acontecimento Nossa propiciadora Bênção Apostólica. Paulo VI".[59]

Em uma carta de 22 de setembro de 1974 a Paulo VI, por ocasião da visita *ad limina*, Dom Helder fez uma avaliação da sua biografia e, em certo momento, afirmou que até quando a Igreja atuava para manter a assim chamada "ordem social", ganhava prestígio e apoio, seja da parte do Governo, seja da parte dos grupos privilegiados. No momento

---

[56] I. A. RAMPON, *O caminho espiritual de Dom Helder Camara*, pp. 269-274.

[57] Circular 11 de 25/26.12.1965. Escreveu Dom Helder durante a vigília: "[...] Claro que sei que o poder vem do Pai, por Jesus Cristo. Mas eu me sinto pai é fora de dúvida".

[58] H. CAMARA, Depoimento de Dom Helder à Justiça. In: M. CIRANO, *Os caminhos de Dom Helder: perseguição e censuras (1964-1980)*, pp. 109-111.

[59] PAULO VI, "Mensagem do Papa Paulo VI por ocasião da morte do Pe. Henrique", *Sedoc* 2 (1969) 144.

em que leigos, religiosos, sacerdotes e bispos começaram a denunciar as injustiças mais clamorosas e a encorajar o esforço de promoção humana dos oprimidos, "passamos a ser julgados subversivos e comunistas. A título de exemplo: Cinco anos faz que o Pe. Henrique foi trucidado de maneira pavorosa. Era nosso colaborador junto aos jovens e o seu único delito era aquele de ser amado pela juventude".[60]

4. "Tenho certeza de que você prega justiça e amor, dentro dos ensinamentos da Igreja"

No dia 26 de março de 1967, Paulo VI publicou a *Populorum Progressio* dedicada à cooperação entre os povos, tratando de problemas dos países em desenvolvimento. Dom Helder vibrou com o texto da Encíclica e entendeu que esta lhe dava autorização para pregar as mudanças estruturais no Brasil e, também, as relações entre países pobres e ricos. A sintonia da pregação de Helder e da *Populorum Progressio* era tão intensa, que se atribuiu a ele a inspiração

---

[60] H. CAMARA, Helder Camara – autocritica e utopia. In: H. CAMARA; M. SILVA; A. B. FRAGOSO; F. BETTO; G. LEBRET; J. SILVA SOLAR; P. FREIRE, *Complicità o resistenza? La Chiesa in America Latina*, pp. 18-21. Famosa é a frase atribuída a Dom Helder: "Quando ajudo os pobres me chamam de santo, quando questiono por que os pobres são pobres me chamam de comunista...". Citamos um dos textos literais do arcebispo: "Se amando o próximo, eu parasse numa linha assistencialista – distribuindo alimentos, vestimentas, remédios, casas –, seria tido como uma criatura extraordinária, como santo. Na hora em que vejo que há, em nosso continente, colonialismo interno (latino-americanos cuja riqueza se baseia na miséria de milhões de latino-americanos, mantidos em situação infra-humana) e que é indispensável lutar pela promoção humana desses irmãos, a quem um subtrabalho só permite uma subvida: passo a ser tido como subversivo e comunista" (Circular 200ª de 5/6.3.1967).

da redação.[61] Baseado na Encíclica, o Dom iniciou uma série de conferências. Enganou-se pensando que contaria com o aval do Vaticano, e qual foi a sua surpresa, quando recebeu uma carta do principal assessor do papa, Giovanni Benelli, logo após a morte do Pe. Henrique, pedindo esclarecimentos sobre suas conferências e recomendando que se ativesse mais à atuação dentro de sua própria arquidiocese, evitando viagens para conferências no exterior e, quando elas acontecessem, que buscasse consentimento da autoridade eclesial local.[62]

Ao ler a carta de um amigo tão íntimo de Paulo VI, Dom Helder teve a sensação de receber uma facada no coração. Sem o apoio de Roma, sentiu "a terra faltar debaixo de seus pés".[63] Acrescenta-se que, na época em que o Dom era assessor do Núncio Armando Lombardi, Benelli havia sido ouvinte da Nunciatura Brasileira. Os três – Armando, Helder e Giovanni – eram amigos e haviam realizado reuniões juntos; além disso, Benelli também era muito amigo do Bispo Auxiliar Dom Lamartine. Por conta disso tudo, o Dom não conseguia minimizar a censura recebida e um sentimento de tristeza e de humilhação inundaram o seu ser.[64] Sentiu-se como no tempo de seminarista, quando

---

[61] H. CAMARA, "La más valiente de las encíclicas", *Fatos e Fotos*. In: B. T. de RENEDO, *Hélder Câmara: proclamas a la Juventud*, pp. 129, 132.

[62] Circular Após-Concílio 158ª de 3/4.10.1966, escrita em Buenos Aires; N. PILETTI; W. PRAXEDES, *Dom Hélder Câmara: entre o poder e a profecia*, pp. 361-362.

[63] H. CAMARA, *O deserto é fértil*, p. 34; M. CONDINI, *Dom Helder Camara: um modelo de esperança*, pp. 70-74.

[64] Dom Helder já estava sofrendo muito com o que acontecera no Brasil: além das constantes denúncias de Dom Sigaud, o presidente do Conselho Nacional da TFP, Plínio Correia de Oliveira, em um artigo

122 Ivanir Antonio Rampon

teve que silenciar diante do conflito jornalístico com a professora Edith Braga.[65] Ele registrou:

> Tal como no dia de Santa Marta, fugi para rezar. E de novo pedi à Mãe querida que me serenasse. Pedi total visão sobrenatural ao Espírito Santo. Pensei concretamente em José. Venceu a Graça. Devo, inclusive, reconhecer que a pastoral tem avançado, mas, pessoalmente, posso dar-me muito mais a ela. Vou tomar ao pé da letra as indicações da Santa Sé... Voltou a paz.

publicado, no início de fevereiro, em diversos jornais, acusou o "arcebispo vermelho" de abrir as portas da América e do mundo ao comunismo. Devido a estas e outras acusações, a CNBB chamou Dom Helder para um interrogatório, durante a reunião central da entidade, em fevereiro de 1969. O fundador (!) da CNBB respondeu todas as questões do interrogatório sem perder a calma e até fez brincadeiras. A reunião terminou com cordialidade. No entanto, o Dom sofreu muito porque, além de ser censurado pelo Governo brasileiro, sentiu que estava perdendo prestígio diante da hierarquia – até da CNBB... Por isso, ele iniciou 1970 com muitas incertezas e perguntava-se o que viria pela frente: incompreensão de Roma? Incompreensão no Brasil? Prisão? Holocausto? Morte natural? O que mais o angustiava, no entanto, era o "silêncio de Paulo VI", a "falta de apoio do papa": "Quando tenho a impressão de que Roma não me entende ou não me aprova, sinto a terra faltar debaixo dos pés. Como te entendo, Cristo, exclamando na cruz: 'Meu Pai, meu Pai, por que me abandonaste?'" (N. Piletti; W. Praxedes, *Dom Hélder Câmara: entre o poder e a profecia*, pp. 363-380; M. Cirano, *Os caminhos de Dom Helder: perseguição e censuras (1964-1980)*, pp. 49-52; P. C. de Oliveira, "O arcebispo vermelho abre as portas da América Latina e do mundo para o comunismo", *O Estado de S.Paulo*, 1.2.1969; Id. *Folha de S.Paulo*, 1.2.1969; Id. *O Globo*, 6.2.1969; H. Camara, *O deserto é fértil*, p. 34).

[65] José Comblin relatou que Dom Helder "sofreu muito quando ainda durante o pontificado de Paulo VI, que sempre se tinha manifestado muito amigo, veio de Roma a ordem de limitar as suas viagens para o exterior, subordinando-as a várias condições. Não podia compreender e sofreu muito. Não podia compreender que pudesse ter tantos inimigos em Roma" (J. Comblin, Apresentação. In: M. Condini, *Dom Helder Camara: um modelo de esperança*, p. 12). Sobre o conflito com a jornalista Edith Braga, ver I. A. Rampon, *O caminho espiritual de Dom Helder Camara*, pp. 43-46.

Voltou a alegria. Ri de mim: no íntimo, eu pensava, talvez, que a Santa Sé voltasse atrás.[66]

Dom Helder, então, deixou de aceitar os convites que vinham de todas as partes do mundo: "Um desejo de Roma é uma ordem para mim".[67] O chefe de redação da revista *Informations Catholiques Internationales*, José de Broucker, ao saber do verdadeiro motivo da não aceitação de conferências internacionais, publicou uma nota dizendo que, além da censura do Governo autoritário do Brasil, o arcebispo de Recife sofria também censura do Vaticano. A repercussão foi tão grande, que o secretariado de Estado contra-atacou desmentindo publicamente a censura, e chegou a insistir para que o arcebispo aceitasse os convites.[68]

---

[66] N. PILETTI; W. PRAXEDES, *Dom Hélder Câmara: entre o poder e a profecia*, p. 362. Dom Helder acreditava que Deus enviava certas "humilhações" a fim de fazê-lo crescer na santificação. José de Broucker, certa vez, lhe perguntou qual poderia ser a maior de todas as humilhações, e eis que o Dom respondeu que seria a "de perder a confiança do Santo Padre. Não somente de Paulo VI, mas do papa... Eu sou um homem de Igreja..." (J. de BROUCKER, *Helder Camara: la violenza di un pacifico*, p. 154).

[67] H. CÂMARA, *Chi sono io?*, p. 122. A sintonização com o papa era-lhe essencial e fundamental. Em diversas circulares à Família, Dom Helder partilhou este seu modo de pensar e sentir: "Se Paulo VI me der sinal verde, então, o resto é comigo. Se me der sinal vermelho, não me custará, absolutamente, obedecer. Apenas, estou tão convicto que pedirei vênia para apresentar novas razões... O mais difícil será se me der sinal amarelo. Aí terei de saber até onde posso caminhar... Sinto-me numa encruzilhada. Mas é para mim descanso total que a decisão última caiba ao Vigário de Cristo. E é uma felicidade imensa ter acesso pessoal a ele..." (Circular 66 de 14/15.11.1965).

[68] N. PILETTI; W. PRAXEDES, *Dom Hélder Câmara: entre o poder e a profecia*, p. 380; SECRETARIA DE ESTADO, "A Santa Sé e D. Helder", *L'Osservatore Romano*, 25.7.1969; ID. *Sedoc* 2 (1969) 321-322.

Depois de uma viagem para os Estados Unidos, no dia 26 de janeiro de 1970, Dom Helder viajou para Roma, pois queria saber a opinião pessoal de Paulo VI. O encontro foi marcado pela cortesia de dois amigos que se admiravam e se apoiavam. O papa quis saber dados sobre as torturas impetradas pelo Governo brasileiro e determinou que o arcebispo poderia realizar quatro viagens internacionais por ano, bastando pedir o consentimento da autoridade local e informando o conteúdo de suas palestras e conferências à CNBB – caso a Conferência exigisse, cancelaria qualquer evento fora do país. O papa ainda aprovou o lançamento da Ação Justiça e Paz em nível internacional, uma vez que no Brasil estava sendo difícil sua prosperidade devido às perseguições do regime militar.[69]

Quando Paulo VI perguntou a Dom Helder se ele não se preocupava com as ameaças de morte, respondeu: "Santo Padre, vou lhe responder com o coração aberto. Parece-me que oferecer a própria vida pela paz do mundo, pela aproximação entre os seres humanos, seja uma graça que ninguém, ninguém merece. Se, sem nenhum mérito da minha parte, o Senhor me oferece esta graça, não tenho absolutamente nada com que preocupar-me".[70]

Após o encontro com o Paulo VI, Dom Helder viajou a Genebra, sendo a personalidade mais importante da conferência mundial sobre ajudas econômicas aos projetos de desenvolvimento. Weigner, que o transportou, registrou

---

[69] M. CONDINI, *Dom Helder Camara: um modelo de esperança*, p. 76.

[70] H. CAMARA, *Le conversioni di un vescovo*, pp. 226-227. No referido livro não consta a data em que o papa fez essa pergunta, mas parece que foi nesse encontro, logo após a morte do Pe. Henrique.

que "o profeta do Terceiro Mundo", "a voz que sacode as massas silenciosas e indigentes", lhe contou que o papa o encorajou a continuar a sua luta contra as injustiças, a mobilizar a consciência social dos cristãos e a aceitar os numerosos convites internacionais para conferências.[71]

No entanto, depois da audiência privada na qual o papa lhe demonstrou confiança e respeito e o autorizou a continuar as viagens – no mesmo ano –, Dom Helder recebeu nada mais do que cinco advertências – quatro da secretaria de Estado e uma da Congregação para os Bispos – para que moderasse os pronunciamentos, priorizasse a atuação dentro da arquidiocese e evitasse viagens internacionais.[72]

Dom Helder, para esclarecer o que estava acontecendo, pediu outra audiência privada com Paulo VI, no dia 27 de maio de 1971. Na ocasião, o papa reafirmou que o arcebispo gozava de confiança total e que fora o Senhor que lhe dera a missão de sair pelo mundo pregando a paz. E acrescentou:

> Tenho certeza de que você prega justiça e amor, dentro dos ensinamentos da Igreja e tendo meditado cada palavra nas vigílias... Estas abençoadas vigílias! Sinto-me também na obrigação de lembrá-lo que, cada vez mais, no Ocidente e no Oriente, entre católicos, não católicos e até ateus, sobretudo entre a juventude, cada viagem sua, cada conferência, cada entrevista tem ressonância mundial. Mas eu tenho confiança! Encontro sempre o mesmo Dom Hélder de minha visita ao Rio, de sua visita a Milão, das cartas que não esqueço! Sua humildade e seu

---

[71] G. WEIGNER, *Helder Camara: la voce del mondo senza voce*, p. 33.

[72] N. PILETTI; W. PRAXEDES, *Dom Hélder Câmara: entre o poder e a profecia*, p. 422.

espírito de fé são o solo da missão que Deus lhe confia. Quantas viagens? Que viagens? Só Dom Hélder, na terra, será o juiz dos convites a aceitar.[73]

Dom Helder acompanhou com emoção cada palavra do papa, que também lhe disse: "Como todo o mundo olha para o Recife e tudo o que se faz no Recife repercute no mundo inteiro, gostaria que o Recife fosse modelo para todas as Igrejas do mundo". Então o arcebispo lhe falou do Movimento de Evangelização, do Movimento de Jovens e da Operação Esperança.[74] Dom Helder comentou sobre o Encontro de Irmãos, uma experiência eclesial que se tornou uma fonte para as CEBs. Na Solenidade de Pentecostes, estes grupos se reuniam para a grande celebração na qual o canto-símbolo era: "Eu acredito que o mundo será melhor, quando o menor que padece acreditar no menor". O próprio Dom Helder, empolgado, cantou este hino a Paulo VI, expressando as maravilhas que Deus estava operando: os pobres evangelizando os pobres.

O papa, então, pediu que o amigo escrevesse por carta seu pensamento para o segundo Sínodo dos Bispos. Dom Helder perguntou se a carta chegaria até o Santo Padre via a secretaria de Estado e este lhe pediu que escrevesse no envelope "Carta Pessoal de Dom Helder" que ninguém abriria. Mas a carta foi interceptada pelo secretário de Estado, o Cardeal Jean-Marie Villot, que se encarregou de respondê-la pessoalmente, expressando sua discordância

---

[73] Ibid., p. 423.

[74] J. E. PINHEIRO, Dom Helder Camara como arcebispo de Olinda e Recife – um depoimento pastoral. In: M. B. POTRICK, *Dom Helder, pastor e profeta*, pp. 51-52.

com relação ao conteúdo e dando uma repreensão "discreta e amável" ao arcebispo de Olinda e Recife. O episódio deixou claro que quem criava problemas não era Monsenhor Benelli, mas o próprio secretário de Estado. Mais tarde, o Cardeal Suenens comentou a Dom Helder que presenciara quatro ou cinco vezes Benelli fazendo defesa do arcebispo.[75]

5. "Quaisquer que sejam as consequências..."

Para o regime militar, as pessoas e grupos que discordavam de suas práticas eram comunistas e colaboradores destes. No caso de membros da Igreja, também consideravam infiéis à Igreja e ao papa. Dom Helder sabia que, na verdade, havia a defesa de interesse de poderosos grupos nacionais e internacionais, os quais queriam manter o Brasil no "colonialismo", impedindo as justas reformas de base. Tratava-se, portanto, de um sistema de opressão. O regime queria que os religiosos apoiassem suas arbitrariedades. A postura sincera e a busca de diálogo com todos causava irritação...

Maio de 1970. A irritação do regime ditatorial brasileiro contra Dom Helder, no entanto, transformou-se em ódio quando o arcebispo rasgou a cortina do cinismo e da mentira na frente de 20 mil pessoas, em Paris. Assim que entrou no palco, o Dom foi beijado no rosto por uma jovem que o presenteou com uma rosa. Em seguida, por alguns instantes, conseguiu se desvencilhar do público e

---

[75] N. PILETTI; W. PRAXEDES, *Dom Hélder Câmara: entre o poder e a profecia*, pp. 423-424.

dos organizadores e, em um canto, ajoelhou-se e rezou: "Por Cristo, com Cristo e em Cristo, entrego ao Pai toda honra e toda glória!... E ofereço minha vida pela paz no mundo, paz verdadeira, baseada na justiça e no amor. Entrego-me à Mãe querida, Rainha dos Anjos e Rainha da Paz...".[76] Colocou, então, o discurso preparado no bolso e contou o que viu quando visitou estudantes e outros torturados nas prisões. Com a rosa na mão, explicou o título da conferência "Quaisquer que sejam as consequências", citando de início dois casos concretos de pessoas que foram torturadas, a saber, o estudante Luis Medeiros de Oliveira e o padre dominicano Tito de Alencar.[77]

Em seguida, falou da conjuntura política do Brasil, defendeu os métodos pacíficos na luta em prol do desenvolvimento econômico-social e a democracia.[78] Todos tinham conhecimento de que existia tortura no Brasil, mas ninguém havia tido a coragem de denunciá-las abertamente fora do país, porque sabiam que sofreriam com os ditadores. Dom Helder, com coragem profética, fez a denúncia. Isto lhe custará fortes rejeições das classes, grupos e do clero conservadores.[79] Será a pessoa mais perseguida, difamada e caluniada pelo regime militar brasileiro. Seu

---

[76] N. Piletti; W. Praxedes, *Dom Hélder Câmara: entre o poder e a profecia*, p. 382.

[77] H. Camara, Quaisquer que sejam as consequências. In: M. Cirano, *Os caminhos de Dom Helder: perseguição e censuras (1964-1980)*, pp. 71-72.

[78] M. de Castro, *Dom Helder: misticismo e santidade*, pp. 179-182; Piletti; W. Praxedes, *Dom Hélder Câmara: entre o poder e a profecia*, pp. 382-383.

[79] J. Comblin, Entrevista realizada por Martinho Condini no dia 26 de julho de 2000. In: M. Condini, *Dom Helder Camara: um modelo de esperança*, pp. 164-167.

nome será proibido de ser pronunciado na imprensa. No exterior, o Governo brasileiro fará uma intensa campanha para impedir-lhe o Nobel da Paz.

Depois da *Quaisquer que sejam as consequências*, pronunciada em maio de 1970, na França, Dom Helder passou a ser visto como o maior *adversário político* pelo Governo autoritário. Porém, quanto mais odiado pelo sistema repressivo, mais era amado como uma das grandes, senão a maior figura que se contrapunha à ditadura. É neste contexto que sobressaiu a faceta de Dom Helder como *homo politiko*. Em que pese a verdade desta imagem, ela é parcial, redutiva e, por fim, injusta, pois Dom Helder só agiu politicamente porque seu encontro com Deus exigiu sempre uma vivência integral do Cristianismo.[80] A dimensão política era apenas "uma parte" da sua personalidade e não a "mais importante". O Dom era, antes de tudo, um *homo mystikó*: vivia mergulhado em Deus e configurado a Cristo, atento às necessidades do povo a ele confiado... não buscava o seu sucesso, mas, sim, a fidelidade ao Senhor.[81]

O certo é que, em 1970, Dom Helder era conhecido mundialmente como uma das mais importantes lideranças na luta pela defesa dos Direitos Humanos e do pacifismo mundial e considerado um forte candidato ao Prêmio Nobel da Paz. Recebeu apoios de entidades do mundo afora, sendo, assim, o candidato favorito por quatro anos consecutivos (1970 a 1973). Mas o governo ditatorial brasileiro

---

[80] M. de CASTRO, *Dom Helder: misticismo e santidade*, pp. 11-12; A. A. LIMA, Depoimento. In: M. de CASTRO, *Dom Helder: misticismo e santidade*, pp. 260-262.

[81] I. A. RAMPON, *O caminho espiritual de Dom Helder Camara*, pp. 302-303.

não podia aceitar que o seu *maior inimigo político* ganhasse o prêmio. Por isso, fez enormes corrupções e desonestidades para que o arcebispo brasileiro não fosse o escolhido. Em 1972 seu nome era praticamente unânime e, para não lhe atribuir o prêmio, o Comitê decidiu cancelar a premiação naquele ano. Em 1973, novamente seu nome despontou como favorito, mas agora, diferentemente dos outros anos, o arcebispo mostrou-se totalmente indiferente a esta premiação.

Resumidamente, podemos dizer que: por causa de seu amor aos empobrecidos, por querer dialogar com todos, por ser contra a tortura e a favor dos Direitos Humanos, por ter sido indicado quatro vezes consecutivas ao Nobel da Paz, o regime ditatorial fez:

1) uma orquestração de difamações contra o arcebispo. Mas como o Dom podia se defender, o povo o apoiava...;

2) então, tiraram-lhe a possibilidade de se defender: falavam horrores contra o arcebispo. Mas o povo se perguntava: onde está Dom Helder? Por que ele não está se defendendo destas enormes calúnias? O certo é que o resultado foi oposto ao esperado pelos senhores da opressão: entre o povo de Deus cresceu a fama de santidade do Arcebispo uma vez que era perseguido por defender a justiça do Reino de Deus;

3) por fim, veio a *lei do gelo*, ou seja, o governo militar impôs o silêncio,[82] uma espécie de *morte* civil:[83] não se podia

---

[82] Ibid., pp. 305-312.328-346.

[83] Piletti; W. Praxedes, *Dom Hélder Câmara: entre o poder e a profecia*, pp. 386-387. Por isso, em setembro de 1970 chegou às redações de imprensa de todo o país uma ordem oficial, enviada pela Polícia Federal, com o

Paulo IV e Dom Helder Camara

noticiar mais nada sobre Dom Helder, nem contra e nem a favor.[84] A *lei do gelo* durou, no mínimo, sete anos. Um redator de revista, seu amigo, certa vez lhe disse que "agora só noticiaremos alguma coisa sobre Dom Helder quando se tratar de narrar-lhe o enterro".[85] Para Dom Helder, a *lei do gelo* foi uma grande humilhação que serviu para seu crescimento espiritual. Ele recordava que:

> durante e depois do Vaticano II falava-se muito, e eu também, em Igreja pobre e servidora. Não sabia ainda que a verdadeira pobreza não é aquela que escolhemos. É o Senhor que escolhe a pobreza de que nós precisamos em todas as fases da vida. Chegando ao Brasil, depois do Vaticano II, pensava que a pobreza seria reduzida a uma privação de dinheiro. Não sabia, não entendia que a riqueza da qual o Senhor queria libertar-me era do prestígio. No seu país gozava de grande fama. Era íntimo dos grandes, do Presidente, dos Ministros, do Prefeito do Rio de Janeiro. Falava-se muito de Dom Helder e sua fotografia estava nos jornais, nas revistas. Fazia transmissões muito populares no rádio e na televisão. O Senhor, que havia descoberto que no mais profundo de mim mesmo havia o desejo da pobreza, encarregou-se de rasgar esta riqueza e prestígio. Improvisadamente caí a zero, a menos de zero. Mas havia ainda aterrorizantes campanhas de imprensa contra mim, campanhas caluniosas, e ainda era muito. O Governo entendeu que a campanha na imprensa e os ataques, em um país como o Brasil, mantinha a fama da vítima. Então, impôs o silêncio. E hoje [1976], Dom

---

seguinte teor: "De ordem do sr. ministro da Justiça (Alfredo Buzaid), ficam proibidas quaisquer manifestações, na imprensa falada, escrita e televisada, contra ou a favor de Dom Helder Camara. Tal proibição é extensiva aos horários de televisão reservados à propaganda política".

[84] I. A. RAMPON, *O caminho espiritual de Dom Helder Camara*, pp. 275-294.

[85] M. de CASTRO, *Dom Helder: misticismo e santidade*, 183.

Helder não tem nem o prestígio de uma vítima ou de um culpável. Caiu no silêncio como em uma tumba. Todavia, resta ainda a fama internacional... Não sei, não sei quando e não sei como o Senhor rasgará também este último sinal exterior de riqueza...[86]

A fidelidade às vigílias e à Santa Missa lhe trazia, nos momentos mais duros da vida – especialmente quando foi perseguido, difamado, caluniado, execrado e silenciado –, tranquilidade, paz interior, amor, alegria.[87] Em seu coração não coube "a mais leve gota de travo". Permaneceu firme e fiel em seu ministério episcopal, sem afobar-se: "radicado na prece", "unido com Cristo", de "coração leve" e "alma feliz".[88] Foi também por isso que, em 1971, quando Helder sofria os golpes mais duros na sua missão de pastor de ovelhas perseguidas, presas e assassinadas pelo regime militar opressor, Paulo VI, demonstrando apreço e apoio, disse-lhe: "Tenho certeza de que você prega justiça e amor, dentro dos ensinamentos da Igreja e tendo meditado cada palavra nas vigílias... Estas abençoadas vigílias!".[89]

Paulo VI apoiava a luta de Dom Helder em prol da justiça, da vida, da liberdade, da democracia. Mas o regime também buscava apoios do papa, tentando criar uma mentalidade de que Dom Helder era contra Paulo VI... Mas o intento do regime, felizmente, faliu desde o início. A

---

[86] H. CAMARA, *Le conversioni di un vescovo*, 116-117. Tradução feita pelo autor.

[87] I. A. RAMPON, *O caminho espiritual de Dom Helder Camara*, pp. 275-294.

[88] Circular 205 de 19/20.5.1965.

[89] PILETTI; W. PRAXEDES, *Dom Hélder Câmara: entre o poder e a profecia*, p. 423.

amizade espiritual transcendeu as fofocas, as mentiras, as intrigas...[90]

Apesar de tantas oposições, Dom Helder não desanimou. Otimismo e esperança eram marcas de sua personalidade. Empolgava-se em fazer marchar suas ideias... Percorreu o mundo para dialogar com pessoas de boa vontade – não corria atrás de títulos, prêmios e honrarias: "que eu passe, pela terra querida, fazendo o bem, levando paz, semeando alegria!".[91] Seu projeto de não violência incomodou todo o sistema montado na ótica da violência. Sua utopia era perigosa porque movimentava as esperanças da humanidade acenando para a justiça e a paz. Sua "imaginação criadora" carregava um projeto, um horizonte de justiça social, de respeito pelos Direitos Humanos, de diálogo, de participação, de uma nova ordem internacional.[92]

Hoje, passados mais de quarenta anos, pode-se dizer que o Comitê Norueguês Nobel não tem a honra de contar com o nome de Dom Helder Pessoa Camara na lista de seus laureados...[93]

---

[90] J. M. PIRES, "Homilia para a Missa do Jubileu Sacerdotal de Dom Hélder Câmara", *Sedoc* 14 (1981) 434.

[91] Circular 78 de 26/27.11.1965 – reservada.

[92] S. A. FERRARINI, *A imprensa e o arcebispo Vermelho: 1964-1984*, pp. 247-250.

[93] PILETTI; W. PRAXEDES, *Dom Hélder Câmara: entre o poder e a profecia*, pp. 406-407. No dia 10 de fevereiro de 1974, no Salão Nobre da Prefeitura de Oslo, o prefeito e o bispo católico da cidade, diante de 15 mil convidados, lhe entregaram o Prêmio Popular da Paz – uma iniciativa das Igrejas Católica e Protestante da Suécia e de organizações dinamarquesas, alemãs, holandesas e belgas. A cerimônia, transmitida em trinta países, foi comovente, solene, mas também aristocrática. Já na França e na Alemanha foram mais populares. O povo brasileiro, no entanto, mal soube do evento porque a censura não permitiu a divulgação – nem a favor, nem contra – deste fato consagrador.

CAPÍTULO VI

Amizade sintonizada

> Impressionante o Santo Padre! [...]
> É o Pai agindo através do Pai...
> *Dom Helder Camara*

Dom Helder não dizia a Paulo VI amabilidades vazias, mas sentia-se na obrigação de transmitir a mensagem que o Pai enviava. Por outro lado, era-lhe vital sentir que estava sintonizado com a linha do papa. As palavras encorajadoras de Paulo VI lhe confirmavam na missão, mas o "silêncio" de Montini deixava-o angustiado. Precisava do apoio e proteção do amigo.

1. "Guarde esta cruz como um sinal da 'presença viva do amigo ao seu lado'"

Setembro de 1971. Dom Helder concluiu que seu prestígio estava mesmo em queda no Vaticano. Abriu-se em Roma o 2º Sínodo dos Bispos, tendo como um dos temas fundamentais a justiça no mundo. Ele não foi eleito pelos colegas do Episcopado nem convidado pelo Santo Padre. Naquele momento, começou a pensar que, talvez, o papa não concordasse com suas pregações sobre a justiça e o amor como caminho para a paz. Depois do "atestado público e notório, em ocasião soleníssima e excepcional", perguntava-se: "Tenho ainda o direito de andar peregrinando?".

No entanto, depois de esfriar a cabeça, preferiu continuar pensando que Paulo VI mantinha o posicionamento das audiências privadas e que a rejeição deveria ser atribuída à Cúria Romana.[1] De fato, estava certo, pois, logo após o Sínodo, teve uma grata surpresa: o Cardeal Roy escreveu ao "peregrino da paz" uma carta de conforto, admiração, apoio e respeito, afirmando que o nome de Dom Helder foi citado várias vezes, com admiração e respeito, durante os encontros da Pontifícia Comissão Justiça e Paz... Em um dos trechos lê-se:

> No curso desses encontros, falamos, muitas vezes, dos grandes problemas que o preocupam e de sua ação pastoral, tão caridosa e tão corajosa. Tive ocasião de ouvir, da parte de bispos, de padres e leigos, numerosos testemunhos de admiração a seu respeito. Faço questão de dizer-lhe que participo desse sentimento e faço questão de exprimir-lhe, de modo particular, minha confiança e minha amizade. As agitações políticas, chegando até a violência, que conhecemos, no ano passado, no

---

[1] PILETTI; W. PRAXEDES, *Dom Hélder Câmara: entre o poder e a profecia*, Sorge comenta que, por causa de seus sonhos, Dom Helder, a partir dos anos 1970, viveu um crescente ostracismo e uma marginalização da parte dos políticos brasileiros e da própria Igreja. Sofreu muito, quando não foi chamado pelo papa para o Sínodo de 1971 sobre a justiça no mundo, ele que era o bispo mais empenhado, em nível mundial, nesse assunto (B. SORGE, "Hélder Câmara: il sogno di una Chiesa 'povera e serva'", *Aggiornamenti Sociali* 2 [2009] 89).

Canadá, fizeram-me compreender melhor quanto sua responsabilidade é pesada e quanto o senhor é digno de simpatia. [...] Sua Santidade, quando lhe falei sobre o senhor, só teve, a seu respeito, palavras de confiança e afeição. O papa tem sempre para com o senhor os sentimentos que ele já lhe exprimiu e que devem ser um conforto para o senhor, quando o senhor dá o melhor de si para realizar a obra de justiça e de paz, que será a glória do pontificado de Sua Santidade.[2]

Em 1972, Dom Helder muito insistiu para ter uma audiência privada com o amigo Paulo VI, mas não estava conseguindo... De fato, estes encontros eram *perigosos*, pois muitos sabiam que Paulo VI apreciava as propostas helderianas, e estas eram *avançadas, progressistas, conciliares, libertadoras*... Em setembro, ele escreveu: "Aflige-me ver o desgaste do papa, depois de o termos quase divinizado. Aflige-me ver como a Cúria Romana o manipula...".[3]

Enfim, depois de muito insistir, o Dom conseguiu a audiência privada, em 10 de novembro, o segundo encontro pessoal entre os dois. Paulo VI o acolheu com carinho, abraçou-o prolongadamente e disse-lhe: "Dom Hélder, Dom Hélder, quelle joie de vous reencontrer". Nesta ocasião, o *Bispinho* teve a confirmação da sua hipótese – de que a Cúria se interpunha no relacionamento –, uma vez que o papa felicíssimo recebeu os livros *Espiral de violência* e *O Deserto é fértil*.[4] Na verdade, não recebera antes, apesar de

---

[2]   Carta do Cardeal Roy, 1971. In: M. B. POTRICK, *Dom Helder, pastor e profeta*, pp. 167-168.

[3]   PILETTI; W. PRAXEDES, *Dom Hélder Câmara: entre o poder e a profecia*, p. 425.

[4]   O livro *Espiral de violência* foi publicado em francês, em 1970, e, posteriormente, em alemão, norueguês, holandês, chinês, inglês, italiano e português. O livro *O deserto é fértil. Roteiro para as minorias abraâmicas* foi

os dois exemplares terem sido enviados na mesma remessa oficial da carta interceptada pelo secretário de Estado, Cardeal Villot... O papa o presenteou com uma cruz em que Pedro e Paulo aparecem juntos, dizendo-lhe para guardar na mesa de trabalho como "presença viva do amigo a seu lado". Sorrindo, ainda frisou: "Pedro e Paulo".

Setembro-outubro de 1974. Confiando nas palavras de Paulo VI, em 1974, Dom Helder participou do 3º Sínodo dos Bispos como delegado do Episcopado brasileiro, e qual não foi a sua surpresa ao receber uma carta do Cardeal Sebastião Baggio, ex-núncio do Brasil e prefeito da Sagrada Congregação para os Bispos, expressando o receio de que as viagens de Dom Helder pudessem ser instrumentalizadas para "finalidades alheias" – leia-se: movimentos e governos de esquerda – e falando do risco de que sua palavra "ditada por sincera convicção e ardente zelo apostólico possa criar, no auditório, esperanças que, não se podendo realizar com presteza, se convertam em novas frustrações".[5] Mas, agora, convicto do apoio de Paulo VI, Dom Helder continuou realizando suas viagens sem dar muita importância à observação do cardeal.

Na verdade, "a presença viva do amigo" era dificultada por alguns curiais, pois, com um arrebatamento espiritual semelhante ao de Santa Catarina de Sena, Dom Helder dava conselhos exigentes aos papas...[6] Catarina acon-

---

publicado em francês, em 1971, e, posteriormente, em português, espanhol, italiano, alemão, inglês, coreano e japonês.

[5] PILETTI; W. PRAXEDES, *Dom Hélder Câmara: entre o poder e a profecia*, p. 425.

[6] I. A. RAMPON, *O caminho espiritual de Dom Helder Camara*, pp. 443-445; M. de CASTRO, *Dom Helder: misticismo e santidade*, pp. 13-15. Santa Catarina e Dom Helder tiveram "problemas" com pessoas próximas aos papas...

selhou, por exemplo, Gregório XI a deixar Avignon e a retornar a Roma. Os conselhos de Dom Helder, dados com humildade a Pio XII, a João XXIII e a Paulo VI, revelavam uma visão das necessidades reais da Igreja.[7]

Dom Helder aconselhou Pio XII, por exemplo, a realizar um encontro entre bispos da América Latina e dos Estados Unidos e Canadá, a fim de que a Igreja, na América, fosse uma força espiritual empenhada na superação das injustiças. Pio XII aceitou esta e outras sugestões, tais como: a criação da CNBB e do CELAM. O Dom sugeriu a João XXIII que visitasse Jerusalém, a terra berço do Cristianismo, e que saísse pelo mundo pregando a paz. João XXIII mostrou vivo interesse pela proposta, mas seu pontificado foi curto para realizá-la. Foi Paulo VI que, depois de séculos, deixou de ser prisioneiro do Vaticano e João Paulo II, por sua vez, realizou muitas viagens apostólica. O mesmo fez Bento XVI e, agora, também Francisco...

Dom Helder, muitas vezes, aconselhou Paulo VI. Recomendou, por exemplo, que escrevesse uma encíclica sobre o progresso dos povos – que se efetivou na *Populorum Progressio*; que reunisse o Episcopado Latino-Americano para "aplicar" o Vaticano II no Continente – que se concretizou na Conferência de Medellín; que abandonasse o Vaticano e fosse morar na periferia de Roma...

Sonhei que o papa enlouquecia
E ele mesmo ateava fogo
Ao Vaticano
E à Basílica de S. Pedro...

---

[7] I. A. RAMPON, *O caminho espiritual de Dom Helder Camara*, pp. 366-595.

Loucura sagrada,
Porque Deus atiçava o fogo
Que os bombeiros
Em vão
Tentavam extinguir.
O papa, louco,
Saía pelas ruas de Roma,
Dizendo adeus aos embaixadores,
Credenciados junto a ele;
Jogando a tiara no Tibre;
Espalhando pelos pobres
O dinheiro todo
Do Banco do Vaticano...
Que vergonha para os cristãos!
Para que um papa
Viva o Evangelho,
Temos que imaginá-lo
Em plena loucura!...[8]

2. "O papa, agora, oferece a mais oportuna, clara e valente de todas as encíclicas"

Dom Helder, consciente de que não alcançava institucionalmente no Concílio, nem com a *Gaudium et Spes*, as necessidades e expectativas do Terceiro Mundo, pediu a Paulo VI uma encíclica que tratasse do desenvolvimento dos povos, e esta se concretizou na *Populorum Progressio* de 1967. Buscou que o sonho de João XXIII – a "Igreja dos Pobres" – se realizasse na América Latina e, por isso, em

---

[8] H. CAMARA, Sonhei que o papa enlouquecia. In: E. BAURER, *Dom Helder Camara – o Santo Rebelde.*

1968, na segunda Conferência Episcopal Latino-Americana, a parte eclesiológica será intitulada "Pobreza na Igreja".[9] Dom Helder muito se emocionou com a *Populorum Progressio*. Era mais um gesto ousado de seu amigo Paulo VI:

> Impressionante o Santo Padre! Aprovou calorosamente as Conclusões de Mar del Plata, criou a Comissão Justiça e Paz, deu-nos a Encíclica sobre o Desenvolvimento! Ainda tem gestos pessoais como o de carregar, descalço, a cruz pelas ruas de Roma! Onde irá parar? Que fará ainda? Que surpresas terá amanhã para o mundo? É o Pai agindo através do Pai...[10]

Por ocasião da publicação da *Populorum Progressio* – "notícia que enche o coração de todos" –, Dom Helder passou a receber do "mundo inteiro" cabogramas pedindo comentários (especialmente da França e dos Estados Unidos): "Que caminhada feita! Está longe o tempo em que era quase heresia falar em desenvolvimento! Não foi em vão tanto sofrimento, sobretudo do MEB e dos sindicatos rurais...".[11] De fato, a Encíclica possuía uma grande sintonia com o pensamento socioespiritual de Dom Helder,[12] a ponto de setores eclesiásticos e da imprensa terem comentado que o espírito, o tema e até certas expressões pareciam ser de Dom Helder e que, talvez, ele tivesse sido um dos autores oficiais do texto.[13] Além disto, a linguagem da *Populorum*

---

[9] J. Beozzo, Dom Helder Camara e o Concílio Vaticano II. In: Z. Rocha, *Helder, o Dom. Uma vida que marcou os rumos da Igreja no Brasil*, pp. 106-108.

[10] Circular 216ª de 28/29.3.1967.

[11] Circular 217ª de 30/31.3.1967.

[12] I. A. Rampon, *O caminho espiritual de Dom Helder Camara*, pp. 353-500.

[13] H. Camara, La más valiente de las encíclicas, *Fatos e Fotos*. In: B. T. de Renedo, *Hélder Câmara: proclamas a la Juventud*, pp. 129-132. O arcebispo

Progressio é direta, valente, corajosa e, de certa forma, diferente da usual nos documentos pontifícios.

Antes mesmo de teólogos e outros especialistas fazerem estudos analíticos da Encíclica, Dom Helder preparou um texto, escrito em francês e português, para ser divulgado no mundo inteiro. Inicia dizendo: "Obrigado, Santo Padre, em nome do Terceiro Mundo". Então, comenta as dez principais razões pelas quais a Encíclica será decisiva "em nossa luta pelo desenvolvimento":

1) O mais grave problema social de nosso tempo não é o comunismo, mas a distância, cada vez maior, entre o mundo desenvolvido e o mundo subdesenvolvido.

2) A Justiça e Paz nas relações entre o mundo desenvolvido e mundo subdesenvolvido. Não bastam apenas ajudas, mas é preciso justiça, pois há falta de justiça em escala mundial, e sem justiça não haverá paz.

3) Para um desenvolvimento integral do homem é preciso libertar-se da miséria; ter segurança da própria subsistência, da saúde e um trabalho estável; ter maior participação nas responsabilidades, libertos de toda a opressão e de situações que ferem a dignidade da pessoa humana...

4) A Teologia do Desenvolvimento é importante a fim de não apresentar uma visão fatalista do mundo. É importante apresentar o ser humano como tendo o direito e o dever de dominar a natureza e completar a criação. Para isso, a religião não pode ser apresentada como ópio do povo. O

---

sempre negou sua participação na autoria, mas reconhecia a identificação de seu pensamento no conteúdo da Encíclica.

Cristianismo não pode ser alienado, mas encarnado como o Cristo.

5) A propriedade é um direito a ser bem entendido. Como dizia Santo Agostinho, "a terra foi dada a todos e não apenas aos ricos". Por isso, a propriedade privada não se constitui em direito incondicional e absoluto para ninguém. O direito à propriedade não deve jamais ser exercido em detrimento da utilidade comum. Nos conflitos entre direitos privados adquiridos e exigências comunitárias primordiais, o poder público tem o direito de buscar uma solução, com a participação ativa das pessoas e dos agrupamentos sociais.

6) O uso dos rendimentos partilhados, a fim de que a renda disponível não fique entregue ao capricho das pessoas e de que as especulações egoístas sejam eliminadas.

7) A concepção de capitalismo liberal: "É difícil apresentar uma síntese de capitalismo liberal mais realista e mais fiel do que aquela apresentada por Paulo VI: 'sistema para o qual o lucro é o motor essencial do progresso econômico; a concorrência é a lei suprema da economia; a propriedade privada dos meios de produção, um direito absoluto, sem limites nem obrigações sociais correspondentes'. Paulo VI denuncia o 'imperialismo internacional do dinheiro'".

8) A ampliação da *Rerum Novarum*: Paulo VI deseja que os princípios da *Rerum Novarum* sejam ampliados ao nível dos povos... a fim de que haja justiça também entre os povos.

9) A urgência das mudanças (revolução): a Encíclica apresenta restrições à violência, mas defende a urgência das mudanças de que o mundo precisa.

10) A busca da civilização solidária. A Igreja faz suas as teses favoritas do grande Pe. Lebret. Teoricamente, seria fácil o homem relacionar-se, mas na prática é necessário quase um milagre para evitar a catástrofe... [14]

Para setores laicos e eclesiásticos, principalmente do Terceiro Mundo, a Encíclica significava a integração oficial da Igreja na libertação das injustiças sociais. Dom Helder gostava de dizer que era a Encíclica esperada pelo Terceiro Mundo. Estava destinada a completar a trilogia iniciada com a *Mater et Magistra* e a *Pacem in Terris*.[15]

Assim, a Encíclica significou "uma cobertura inesperada e decisiva para o apelo dos trabalhadores nordestinos. De sua parte, o papa não pode falar mais claro, nem ir mais longe. A nós, sobretudo no Nordeste, nos cabe responder ao Pontífice não apenas com aplausos, mas com atos".[16]

Dom Helder pensou na publicação de um caderno de estudos e começou a organizar diversas ações para colocar a Encíclica em prática, no coração do Nordeste. Mas, antes disto, escreveu uma carta ao próprio papa agradecendo pelo gesto corajoso e comentando seus planos.[17]

---

[14] Circular 217ª de 30/31.3.1967.

[15] H. CAMARA, La más valiente de las encíclicas, *Fatos e Fotos*. In: B. T. de RENEDO, *Hélder Câmara: proclamas a la Juventud*, p. 129.

[16] Circular 219ª de 5/6.4.1967; H. CAMARA, Encíclica a responder com atos. In: Circular 231a de 20/21.4.1967.

[17] Circular 222ª de 9/10.4.1967.

Mas, além desta avaliação muito positiva da *Populorum Progressio*, como era de se esperar, apareceram outras análises, principalmente daqueles que se sentiram questionados pelo teor do ensinamento papal. O *Wall Street Journal* lamentou que Roma se inclinasse às teorias marxistas...

Em apoio a Paulo VI e à Encíclica, Dom Helder afirmava que o documento causou irritação em certas áreas, a ponto de alguns chegarem ao cúmulo de chamá-la de *"Populorum Regressio"*. Mas isto porque ela era, por excelência, "a encíclica da coragem. Já era muito passar do pedido das ajudas e chegar à coragem de pedir justiça e paz. Paulo VI viu mais longe ainda: investiu contra a ditadura internacional do dinheiro, contra a ditadura do poderio econômico".[18] Perguntava-se o arcebispo de Recife: Onde é que estão aqueles que consideravam Paulo VI tímido, indeciso, superprudente? O papa, agora, oferece a mais oportuna, clara e valente de todas as encíclicas. Paulo VI se agiganta enfrentando os poderosos, os donos do mundo, os *trusts* internacionais. Porém, em nenhum momento, perde a serenidade. Dede o princípio até o final, atua como representante de Cristo, servidor dos homens, papa de todos.[19]

Além de ser solicitado para fazer comentários à Encíclica, Dom Helder recebeu muitos convites, no Brasil e no estrangeiro,[20] para abordar temáticas da *Populorum Progres-*

---

[18] H. CAMARA, Recife e Milão, irmãs em responsabilidades em face do desenvolvimento. In: H. CÂMARA, *Utopias peregrinas*, p. 37.

[19] H. CAMARA, La más valiente de las encíclicas, *Fatos e Fotos*. In: B. T. de RENEDO, *Hélder Câmara: proclamas a la Juventud*, pp. 129-132.

[20] Circular 222ª de 9/10.4.1967. Inclusive o sucessor do Cardeal Montini em Milão, Dom Colombo, quis que o arcebispo brasileiro estivesse presente em um evento da arquidiocese italiana (H. CAMARA, Recife e

sio.[21] Na vigília de 1º de maio de 1967, durante o lançamento do Manifesto da ACO, no final de seu caloroso pronunciamento, disse Dom Helder:

> Continue, Santo Padre! Se alguns círculos limitados, por motivos óbvios, não entenderam a sua Carta, saiba que milhões e milhões de operários, no mundo inteiro, a entenderam muito bem e tiveram nela o apoio de que há muito precisavam. Um dia, Pio XI confessou, com tristeza, ao Cônego Cardinj, que a Igreja perdera a classe trabalhadora. Se ela continuar a aparecer aos operários, através de papas como João XXIII e Paulo VI, a classe trabalhadora é capaz de reencontrar-se com Jesus Cristo.[22]

Dom Helder fez peregrinação em vários países – tais como Canadá, Itália, Suíça, Bélgica –, a fim de falar da *Populorum Progressio*. Aproveitou a oportunidade para visitar seu amigo, no Vaticano, a fim de contar detalhes das viagens. Antes de encontrar o amigo, comentou: "É a 17ª vez que o Pai me permite falar a Montini. Uma das últimas

---

Milão, irmãs em responsabilidade em face do desenvolvimento. Circular 226ª de 14/15.4.1967.

[21] Diversas destas conferências estão no tomo III do volume III – Circulares "Após-Concílio" (H. CAMARA, *Circulares Pós-Conciliares*, volume III, tomo III, de 31 de dezembro de 1966/1º de janeiro de 1967 a 29/30 de julho de 1967). Com a publicação das Circulares "Após-Concílio", estudiosos e admiradores de Dom Helder passaram a ter acesso a mais um tesouro da espiritualidade helderiana. O primeiro volume das Circulares "Após-Concílio" foi publicado no dia 12 de abril de 2012, quando se comemorava os 48 anos da chegada de Dom Helder a Recife. Assim, temos publicados nove tomos, em três volumes de três livros cada (Circulares Conciliares, Circulares Interconciliares e Circulares Pós-Conciliares), os quais envolvem o período de outubro de 1962 a julho de 1967. Aguardamos a publicação das outras Circulares... (I. A. RAMPON, *O caminho espiritual de Dom Helder Camara*, pp. 322-327).

[22] H. CAMARA. Nordeste, desenvolvimento sem justiça. Circular 224ª de 24/25.4.1967.

Paulo IV e Dom Helder Camara

ou talvez a última aqui na terra. Coragem, Santo Padre! Continue! Seja cada vez mais técnico em humanidade e peregrino da paz! É a vocação que Deus lhe dá!".[23]

Dom Helder comentou, em Circular Extra, que nada falaria de improviso a Paulo VI:

"A vigília foi mais longa. Quase total. E já me venho preparando de longe, através das vigílias e da Santa Missa. Não me interessa dizer ao papa amabilidades vazias. Não me interessa dizer palavras minhas. Sinto que devo transmitir a ele a mensagem que o Pai lhe envia. Por outro lado, não exagero quando digo que para mim é vital sentir que estou na linha do papa. Só me interessa pisar ou onde ele já tenha pisado ou onde venha a pisar. Direi a ele hoje que um dia ele mandou que eu dissesse o que ele não podia dizer". Depois de comentar que se sentia acompanhado pelas preces e sofrimentos da Família, Dom Helder pediu para ajudá-lo a vencer a timidez: "Que cada vez mais ela [a Família] dê espírito de fé, esperança e caridade! Só assim poderá ajudar o irmão a quem o Pai manda vencer a timidez e imitar Santa Catarina...".[24]

Na compreensão de Helder, com o Vaticano II e com a *Populorum Progressio*, vivia-se um momento maravilhoso da história: "Que Pedro e Paulo nos assistam neste instante maravilhoso da vida humana e nesta virada esplêndida da Igreja...".[25] Isto porque – disse em Assunção – vivemos um tempo de *Assunção*:

A cidade em que nos achamos, por seu simples nome, dos mais belos e evocativos da língua humana, resume todos os nossos

---

[23] Circular Extra n. 3 de 25/26.5.1967.
[24] Circular Extra n. 3 de 25/26.5.1967.
[25] Circular 245ª de 28/29.6.1967.

pensamentos e os transforma em prece. Que podemos desejar que aconteça aos sub-homens marcados pela miséria e aos super-homens desumanizados pelo egoísmo?... Assunção! Que podemos desejar para os países subdesenvolvidos que, dia a dia, mais se aviltam na miséria e na fome?... Assunção! Que podemos pedir ao Cristo, com a ajuda da Mãe de Deus e Mãe dos homens, Mãe da Divina Graça e Mãe dos pecadores, que devemos pedir ao Cristo para que realize o sonho de João XXIII e de Paulo VI, de solidariedade universal?... Assunção![26]

3. "Que o Espírito Santo inspire e fortaleça a Igreja latino-americana, não só para a retomada de Medellín, mas para a sua atualização..."

A consagração aos pobres, que Dom Helder iniciou em 1955, chegou a seu ápice em Medellín,[27] em 1968. O evento eclesial foi convocado por Paulo VI, a fim de "aplicar" o Vaticano II às necessidades da Igreja na América Latina. A abertura foi realizada pelo próprio Pontífice, na ocasião, o primeiro papa a visitar a América Latina, depois de quase 500 anos da presença da instituição eclesial no continente. Foi nas reuniões do CELAM em Roma, durante o Vaticano II, que surgiu a ideia de propor ao papa o evento. Dom Helder esteve na origem desta ideia do CELAM.[28] A Con-

---

[26] H. CAMARA, "A Igreja e a construção do mundo". Circular 263ª de 15/16.7.1967. Dom Helder recebeu uma carta do Vaticano pedindo esclarecimentos sobre as suas conferências sobre a *Populorum Progressio* e recomendando que evitasse fazê-las fora da arquidiocese de Olinda e Recife. Esta carta lhe causou muita dor e angústia...

[27] I. A. RAMPON, *O caminho espiritual de Dom Helder Camara*, pp. 455-463.

[28] Circular 17 de 26/27.9.1965.

ferência de Medellín, portanto, está intimamente ligada à amizade espiritual de Dom Helder e Paulo VI.

Após o Vaticano II, os bispos começaram a preparar Medellín. Sabiam que não se tratava de uma aplicação mecânica dos documentos do Concílio, mas que era chegado o momento de fundar a "Igreja latino-americana";[29] pois, até então, a orientação não era própria, vinha de fora: a Igreja latino-americana era uma extensão da Igreja europeia, em grande parte corrompida pela dominação colonial. Tratava-se, portanto, de "captar os sinais dos tempos", analisando-os sob a ótica do Evangelho e do Concílio. Por isso, Medellín tornou-se um "acontecimento fundador".[30] No dizer de Segundo Galilea,

> depois de Medellín, pode-se falar legitimamente de uma Igreja latino-americana, de uma pastoral latino-americana, de uma teologia latino-americana. [...] Pode-se falar em caráter "fundacional" em uma Igreja que quer renovar-se, fiel ao Concílio, abordando decididamente os desafios de uma "nova sociedade". Daí em diante, ela será referência necessária a todo discurso teológico e pastoral latino-americano.[31]

A participação de Dom Helder em Medellín – embora menos intensa do que no Vaticano II[32] – foi marcante,

---

[29] J. COMBLIN, Os Santos Pais da América Latina, *Concilium* 333(2009) 620. Tratava-se, portanto, de concretizar a ideia de que na "Igreja Particular" realiza-se a "Igreja Universal" (CONCÍLIO VATICANO II, *Documentos do Vaticano II: Lumem Gentium* III).

[30] J. COMBLIN, Os Santos Pais da América Latina, *Concilium* 333 (2009) 626-628.

[31] S. GALILEA, *A mensagem de Puebla*, pp. 15-16.

[32] PILETTI; W. PRAXEDES, *Dom Hélder Câmara: entre o poder e a profecia*, p. 450.

principalmente, porque atuou na Comissão "Paz". Tal escolha se deu porque era entusiasta da Pontifícia Comissão Justiça e Paz – criada por Paulo VI e um dos frutos maduros do Vaticano II que objetivava aplicar, especialmente, à *Gaudium et Spes*. O que Dom Helder não imaginava é que, depois do discurso inaugural de Paulo VI, o capítulo sobre a paz tornara-se o mais esperado.[33]

O capítulo "Paz" enfoca que o colonialismo interno e a violência constituem problemas graves no continente e que a Igreja quer desenvolver a consciência da justiça defendendo o direito dos pobres, denunciando energicamente as desigualdades sociais e exigindo o fim da corrida armamentista. O que existe na América Latina não são apenas injustiças localizadas, mas uma situação que se pode chamar de violência institucionalizada, porque as estruturas violam os direitos fundamentais. Além disso, não raro, grupos e setores dominantes qualificam de ação subversiva toda a tentativa de mudança de um sistema social que favorece a permanência de seus privilégios, recorrendo, inclusive, ao uso da força para reprimir todo o intento de reação e apelando a justificativas ideológicas como o anticomunismo e a conservação da "ordem".

Para os cristãos, a paz é fruto da justiça e do amor. A opressão exercida por grupos dominantes pode dar uma

---

[33] O papa pediu que se favorecesse todo o esforço honesto visando promover e elevar os pobres; a não se solidarizar com sistemas e estruturas que encobrem graves e opressoras desigualdades entre as classes e os cidadãos dentro de um mesmo país; a buscar saídas diante das injustiças sem recorrer ao ódio e à violência (PAULO VI, Discurso de S.S. Paulo VI na abertura da Segunda Conferência. In: CELAM, *A Igreja na atual transformação da América Latina à luz do Concílio: conclusões de Medellín*, pp. 9-19).

Paulo IV e Dom Helder Camara

aparência de paz e ordem, mas na verdade é um germe contínuo de rebeliões e guerras. A paz é uma tarefa permanente que implica mudanças de estruturas, transformações de atitudes e conversões dos corações. Daí a importância de investir na conscientização e na organização do povo. Os bispos reafirmam a fé na fecundidade da paz e desacreditam a violência dos oprimidos, não por ser injusta, mas por ser ineficaz e por engendrar males ao povo. Porém, alertam os ricos e poderosos a não aproveitarem a posição pacífica da Igreja como pretexto para se oporem às transformações necessárias, pois serão responsáveis perante a história por provocarem revoluções explosivas e desespero.[34]

A Conferência de Medellín – real, simbólica, espiritual e formalmente – significou, para a Igreja na América Latina, a passagem da tarefa de sustentar a ordem estruturalmente injusta à missão de colaborar na libertação dos oprimidos.[35] Tendo presente as orientações do Vaticano II, os bispos partiram dos "sinais dos tempos". Desse modo, o tema básico foi a pobreza. Medellín, sem medo, usou a palavra "justiça", tão cara para Dom Helder. Ora, quem usava este termo, geralmente, era tachado de extremista e comunista. Mas os bispos foram mais longe e usaram a palavra "libertação",[36] e esta provocou uma reação de

---

[34] CELAM, *A Igreja na atual transformação da América Latina à luz do Concílio: conclusões de Medellín*, Paz, especialmente os números 1.5-9.15-19.

[35] CELAM, *A Igreja na atual transformação da América Latina à luz do Concílio: conclusões de Medellín*, Justiça 3.

[36] No dizer do Cardeal Lorscheider, a palavra-chave de Medellín é "libertação". Na Conferência, a teologia do desenvolvimento e da promoção humana cedeu lugar à teologia e pastoral da libertação. Descobre-se o submundo dos pobres, dos países pobres, que é a maioria da

horror em certos ambientes políticos e eclesiais. Por outro lado, a recepção de Medellín foi muito positiva nos ambientes pastorais comprometidos com a transformação social, possibilitando uma releitura da história da Igreja no continente e criando esperanças de um futuro de justiça, libertação e paz.

Em seu pastoreio na Arquidiocese de Olinda e Recife e em suas peregrinações pelo mundo pregando a "violência dos pacíficos",[37] Dom Helder embasava-se, constantemente, em Medellín. Até morrer quis "salvar Medellín":

> Do ponto de vista de libertação da pobreza e da miséria na América Latina, a falha mais grave do presente, da qual urge que nos libertemos, é a tentação de abandonar Medellín. [...]. Que o Espírito Santo inspire e fortaleça a Igreja latino-americana, não só para a retomada de Medellín, mas para a sua atualização...[38]

4. "Guardarei, para sempre, no ouvido e no coração a voz de Paulo: 'Jamais la guerre! Jamais la guerre!'"

No final da década de 1960 e nos primeiros anos da década de 1970, de certa forma, a amizade entre Dom Helder

---

humanidade, e pobres devido à situação de dependência opressora que gera injustiça. Impõem-se com a conversão das estruturas humanas as mudanças estruturais (A. LORSCHEIDER, Conferências-Gerais do Episcopado Latino-Americano e do Caribe. Subsídio preparatório à V Conferência do Episcopado Latino-americano, *Documentos do Celam*, pp. 7-13).

[37] H. CAMARA, *Espiral de violência*, 13-65; I. A. RAMPON, *O caminho espiritual de Dom Helder Camara*, pp. 476-479.

[38] "Pobreza e miséria na América Latina", *Sedoc* 9 (1977) 775-776.

e Paulo VI passou por duras provas. De um lado, Dom Helder era denunciado pelo governo militar e por religiosos conservadores em Roma, não tendo as possibilidades necessárias para apresentar a sua defesa. De outro, assessores de Paulo VI criavam dificuldades, interceptando as correspondências e evitando o abraço prolongado e a conversa sincera entre os dois amigos... Mas por que isto acontecia?

Por vários motivos, porém, pode-se ressaltar um deles: Dom Helder apontava para a Igreja *aggiornada* e do futuro... Ele sentia que fora Deus que o fizera mais "testemunho do presente e do futuro do que do passado".[39] Como era de se esperar, no período histórico pós-conciliar aconteceram tensões entre os grupos que queriam colocar em prática o Concílio e os que criavam dificuldades nesta meta, querendo a Igreja presa ao passado... Paulo VI viu-se profundamente envolvido nesta tensão: não era fácil ser papa *em meio à tempestade!*

Dom Helder, por sua vez, era uma das melhores concretizações de um bispo configurado ao modelo proposto pelo Vaticano II, assim como São Carlos o fora em relação ao Concílio de Trento.[40] O próprio Dom gostava de dizer que os bispos devem ter diante dos olhos o exemplo de São Carlos Borromeu: ou seja, fazer do Vaticano II o que ele fez em relação ao Concílio de Trento.[41]

---

[39] Circular 49 de 23/24.11.1963.

[40] J. COMBLIN, Dom Helder e novo modelo episcopal no Vaticano II. In: M. B. POTRICK, *Dom Helder, pastor e profeta*, pp. 24-40.

[41] H. CAMARA, *Chi sono io?*, pp. 112-115; I. A. RAMPON, *O caminho espiritual de Dom Helder Camara*, pp. 362-366.

Durante o Vaticano II, Dom Helder havia trabalhado imensamente para que este correspondesse, de fato, aos programas da Providência, respondendo às necessidades da Igreja e às aspirações da humanidade. Em seguida, o *Bispinho* fez gigantescos esforços para que o pós-concílio estivesse à altura do próprio Concílio. Ele sabia que o Lateranense IV falira porque não conseguiu colocar em prática suas decisões. Dizia que celebrar um Concílio é mais fácil do que colocá-lo em prática. Buscava impregnar do espírito do Concílio o clero e os leigos fazendo-os se tornarem, com a graça de Deus, missionários do Vaticano II.[42]

Dom Helder queria ser um bispo do Vaticano II impregnado do Vaticano II. E, por isso, descobriu que seu lugar era o mundo.[43] Ele percebeu que deveria ser um homem de relações públicas, engajado na busca de soluções dos problemas sociais que afetavam o povo de Deus. As dores e as alegrias, as angústias e as esperanças da humanidade, especialmente dos pobres, tornaram-se as suas. Ele não quis ser um "bispo-seminarista" nem um "bispo-príncipe", mas um autêntico "bispo-pastor".[44] Não se tratava de

---

[42] H. Camara, *Chi sono io?*, pp. 101-103.

[43] Segundo Comblin, o bispo tridentino administrava a Igreja. A administração continua sendo necessária, mas o bispo que se contenta em administrar a diocese será um obstáculo à evangelização, porque seu papel consiste em estar na frente do diálogo com o mundo e da evangelização no mundo. Deve estar sempre fazendo e recebendo visitas. A administração pode ser assumida por um colaborador e, nesse sentido, o binômio Helder/Lamartine foi exemplar. Sem Dom Lamartine, Dom Helder não poderia ter sido o "Bispo do Terceiro Mundo" (J. Comblin, Dom Helder, o bispo do Terceiro Milênio. In: Z. Rocha, Helder, o Dom. *Uma vida que marcou os rumos da Igreja no Brasil*, pp. 91-92).

[44] I. A. Rampon, *O caminho espiritual de Dom Helder Camara*, pp. 238-243.

uma postura arrogante ou orgulhosa, mas de assumir "a responsabilidade que Deus confia comunicando a plenitude do sacerdócio – sem mérito da nossa parte, é verdade – e nos fazendo entrar na Colegialidade Episcopal".[45]

Dom Helder vibrava imensamente cada vez que Paulo VI, impregnado do espírito do Vaticano II, tomava decisões ousadas, corajosas, proféticas. Mais: o amigo dava sugestões que agradavam o papa, mas que desagradava quem não queria colocar em prática o Concílio Vaticano II... Paulo VI, por sua vez, percebia que o Dom lhe transmitia mensagens de Deus, não apenas por palavras, mas acima de tudo pelo testemunho pastoral, profético, missionário e quase martirial. O arcebispo, em suas vigílias, se preparava para dizer ao papa não apenas palavras suas, mas nossas – mais de Jesus do que dele.

Dom Helder vibrou quando Paulo VI visitou a Palestina, em janeiro de 1964, suscitando delírio e entusiasmo nas estreitas vias de Jerusalém, quase sendo sufocado pelas multidões. Ele havia sugerido esta viagem a João XXIII, mas aquele não teve tempo para realizá-la. Durante a viagem, Paulo VI encontrou o Patriarca ortodoxo Atenágoras; por causa do cisma, fazia 14 séculos que um papa e um patriarca não se encontravam. Dom Helder também se maravilhou com a *Populorum Progressio* (1966) e se emocionou profundamente, quando, em 1967, o amigo foi para Istambul, de forma muito humildade, visitar a Igreja do Oriente.[46]

---

[45] Un post-Concilio all'altezza del Vaticano II, Conferência realizada em Roma no dia 1º de dezembro de 1965. In: J. de BROUCKER, *Helder Camara: la violenza di un pacifico*, p. 145.

[46] "[...] acompanho, de coração, o Santo Padre, em sua viagem a Istambul. Que belo sinal dos tempos!" (Circular 267ª de 25/26.7.1967).

Ele nem podia conter a emoção, quando, em 1968, o amigo veio abrir a segunda Conferência Episcopal Latino-Americana, em Medellín, na Colômbia. Era a primeira vez que um papa pisava em território latino-americano, depois de quase 500 anos da presença da Igreja no continente.

Dom Helder acompanhou "de coração" as viagens do Peregrino da Paz[47] para a Terra Santa, Índia, Estados Unidos, Portugal, Turquia, Colômbia, Suíça, Uganda, Filipinas,[48] Ilhas Samoa, Austrália, Indonésia, Hong Kong, além de muitas cidades italianas e paróquias romanas. Quando Paulo VI visitou a ONU, em 1965, Dom Helder foi convidado pela RAI – *Radiotelevisioneitaliana* – para dar sua opinião logo após o discurso do papa na ONU. Escrevendo para a Família macejanense, relatou:

> Paulo VI ilustrou de modo admirável o que pretendemos que seja a presença da Igreja no Mundo de hoje... [...] "Viram com que simplicidade entrou? Repararam na maneira com que se apresentou?" "Sou como qualquer um de vocês. Um irmão". E, ao escolher um título, preferiu chamar-se a si mesmo "perito em humanidade"... (De fato, ele me deu uma alegria enorme, porque, de modo algum, lembrava um Soberano ou um Chefe da Cristandade... Não estava ali para ser servido, mas para servir). Passei depois a mostrar como tinha sido corajosa a mensagem do papa [...]. Corajoso e emocionante foi, também, o apelo que era a própria razão de ser da viagem. Guardarei, para sempre, no ouvido e no coração a voz de Paulo: "Jamais la guerre! Jamais la guerre!". Quando pediu aos povos que

---

[47] "Pacífico: é mais do que amar a paz. Fazê-la. Criá-la. Trabalhar por ela (Que exemplo nos dá Paulo VI de não poupar sacrifícios, de expor-se, de queimar-se para fazer a paz!...)" (Circular 167ª de 31.10/1.11.1966).

[48] Nas Filipinas, o papa foi vítima de um atentado, mas não foi atingido...

se desarmassem, lembrou que não se entende irmãos armados, uns contra os outros... Fez alusão ao colonialismo e ao subdesenvolvimento...[49]

Dom Helder vibrava enormemente vendo o papa abandonado as pomposidades barrocas e o estilo palaciano. Paulo VI aboliu brasões, baldaquino, tiara papal, roupas cerimoniais luxuosas, cadeira gestatória, guardas nobres, desfiles de soldados, trono, guarda palaciana, permitiu o uso de outras línguas no lugar do latim, decretou que cardeais com mais de 80 anos não poderiam entrar no conclave, iniciou um processo de internacionalização e reestruturação do Vaticano inserindo novas secretarias.[50]

Mas Dom Helder sofria, rezava, sacrificava-se pelo papa, quando percebia que este era controlado pelo sistema curial. Dom Helder compartilhava da opinião do Cardeal Suenens e de muitos prelados de que uma das falhas do amigo papa foi colocar em certos cargos, para levar adiante as decisões do Vaticano II, justamente pessoas que durante o Concílio fizeram parte da resistência ao espírito conciliar: "como deixar o após-Concílio com a Cúria Romana, se até o fim, de modo geral, ela não participa do espírito do Concílio?".[51] O Cardeal Suenens, ainda durante o Concílio, depois de conversar com Paulo VI, confidenciou a Dom Helder algumas preocupações em relação ao pós-Concílio:

---

[49] Circular 25 de 4/5.10.1965.

[50] A. BORELLI, "Beato Paolo VI (Giovanni Battista Montini) Papa" [acesso 22.6.2014].

[51] Circular 36 de 15/16.10.1965.

O Pe. Miguel chamou-me, pessoalmente, ao telefone e pediu-me um encontro urgente. Estivera mais de 1 hora com o Santo Padre. Em síntese: quanto à Reforma da Cúria. O Pe. Miguel insistiu em frisar que, terminado o Concílio, a Cúria continuando a mesma, põe em risco o espírito do Vaticano II; haverá até o perigo de perseguição aos "progressistas" e aos que se bateram por uma Cúria renovada. O Santo Padre acha que estamos muito bem: longe dos tempos ignominiosos da luxúria e simonia dominando a Cúria... Alguns ultraconservadores e superados? Não são eternos... E voltou a falar nos retoques que pretende introduzir. 2ª investida do Pe. Miguel: voltou a falar em Comissões Pós-Conciliares. De novo, quase ausência total de eco, junto a Paulo VI.[52]

Dom Helder se "bateu" por uma Cúria renovada e, por isso, pagou o preço: foi perseguido! É que a Cúria acolhia os reclames contra ele oriundos do governo ditatorial brasileiro e de grupos eclesiais conservadores, enviando-lhe advertências. Como o Dom contava com apoios de outros membros da Cúria que viviam o espírito do Concílio e do próprio Paulo VI, os oponentes, então, procuravam impedir o abraço, o encontro entre os dois amigos. Na compreensão deles, esta amizade espiritual havia se tornado perigosa demais, pois o papa valorizava demais as sugestões do *Bispinho* brasileiro...[53]

---

[52] Circular 44 de 23/24.10.1965. Dom Helder chamava o Cardeal Suenens de Pe. Miguel, porque no Concílio desempenhou a função do Arcanjo São Miguel. Conforme previsto pelo cardeal, de fato, houve perseguições a progressistas e os conservadores fizeram seguidores, fortificando-se em suas ideologias (A. GRILLO, Liturgia, exercício do sacerdócio de Cristo, cabeça e membros, na SC e nos demais documentos do Concílio Vat. II. Relatório do Seminário Nacional de Liturgia 2012, texto 2, 1-9.).

[53] Os grupos conservadores procuravam controlar o papa apelando para a "tradição", tentando incutir-lhe o medo de que estaria traindo a Tradição

A amizade espiritual entre Dom Helder e Paulo VI, apesar dos obstáculos criados pelo governo ditatorial brasileiro e por setores eclesiais conservadores, resistiu às provas, consolidando-se e amadurecendo. No íntimo, Dom Helder sabia que o *papa* o amava como filho, irmão e amigo... e este amor era uma maravilhosíssima *gentileza do Senhor.* Entende-se, então, porque quando, em meio às perseguições e difamações, perguntado qual seria para ele a maior humilhação, rapidamente respondeu: "perder a confiança do papa".[54]

Dom Helder acompanhava, com amor, respeito e compreensão, os momentos críticos do pontificado de Montini. Quando Paulo VI escreveu a *Sacerdotalis Caelibatus*, reafirmando a obrigatoriedade do celibato consagrado para os sacerdotes – pois o celibato "deve tornar possível ao ministro a sua escolha, exclusiva, perene e total, do único e supremo amor de Cristo e a sua dedicação ao culto de Deus e ao serviço da Igreja"[55] –, aconteceram algumas reações

---

da Igreja com as "novidades". Quando Paulo VI, por exemplo, decretou que com 80 anos os cardeais deveria renunciar a seus postos, o poderoso Alfredo Ottaviani disse que "não se costuma rasgar com um simples *motu próprio* as páginas de uma constituição como a 'Vacante Sede Apostolica' (que regulamenta as eleições do papa) e o Direito Canônico. Trata-se de um ato praticado à margem de uma tradição mais que secular". Para dar exemplo aos cardeais – ironizou Ottaviani –, o próprio Paulo VI precisaria renunciar... O Cardeal Tisserant ironizou: "No que me diz respeito, penso que ainda sou capaz de fazer muita coisa, de falar e de agir". Houve ironias tais como: "Será que depois dos 80 anos o Espírito Santo não transmitiria sabedoria suficiente. João XXIII tinha mais de 80 anos..." ("O papa na tormenta: os difíceis frutos da política", *Veja*, 2.12.1970).

[54] J. de BROUCKER, *Helder Camara: la violenza di un pacifico*, p. 154. Os termos *gentileza* e *humilhação* fazem parte do vocabulário espiritual helderiano.

[55] PAULO VI, *Sacerdotalis Caelibatus*, n. 14.

contrárias à posição da encíclica. Na vigília de 25 de junho de 1967, assim anotou o Dom: "Ainda não vi a íntegra da nova Encíclica do Santo Padre. Acho errado descobrir a ação do Espírito Santo, quando se trata da *Populorum Progressio*, e achar que ele sumiu quando a Encíclica não agrada...".[56]

Outro momento *tempestuoso* do pontificado de Paulo VI aconteceu quando foi publicada a *Humanae Vitae*, em julho de 1967. A Encíclica estabeleceu que todo o ato de relação sexual dentro do matrimônio devia permanecer aberto à transmissão da vida. Em outras palavras, colocou-se contra o uso de métodos contraceptivos. A Encíclica provocou uma tempestade de protestos em todo o mundo, mas especialmente nos Estados Unidos e na Europa. Alguns dissidentes do ensinamento do papa foram punidos, porém, no interior dos lares e na intimidade dos leitos, a Encíclica foi desobedecida pela grande maioria dos casais católicos. Há quem diga que, logo depois da publicação, 80% dos casais católicos desobedeciam, na prática, a essa orientação do papa. Segundo Mcbrien, isso abalou profundamente Paulo VI, a ponto de não escrever mais Encíclicas.[57]

---

[56] Circular 224ª de 24/25.6.1967. Quando, em 1965, Paulo VI enviou uma carta à presidência do Concílio dizendo que, sem querer impedir a liberdade dos padres conciliares, pedia que o celibato eclesiástico não fosse discutido na basílica, mas, se algum padre conciliar pensasse diverso, que enviasse seu parecer por escrito, Dom Helder, com outros padres conciliares, sugeriu que o papa abrisse a discussão sobre o assunto nas Conferências Episcopais: "É fácil de entender o desejo de evitar discussões na basílica, prestando-se a explorações penosas. Mas tenho horror a assuntos-tabus, que ficam fermentando perigosamente" (Circular 32 de 11/12.10.1965; Circular 34 de 13/14.10.1965; H. CÂMARA, *O Evangelho com Dom Hélder*, pp. 64-65).

[57] R. P. MCBRIEN, Os pontífices: de São Pedro a João Paulo II, p. 386. Em outubro de 1965, Dom Helder havia escrito, de maneira reservada, para

Dom Helder acompanhou a aflição dos últimos anos de seu amigo. Era visível a decadência física devida, entre outras, à artrose dolorosa e à doença na próstata. Dolorida foi a rebelião do bispo tradicionalista Marcel Lefebvre, que suscitou quase um cisma, desobedecendo ao papa.[58] Dor

a Família macejanense: "Não adianta o Santo Padre e os bispos se iludirem: nosso clero, na prática, já resolveu o assunto... Está deixando em paz os esposos e até orientando os mais escrupulosos... Em áreas de miséria, começa, também, um trabalho de esclarecimento. Por que, então, não alertar Paulo VI para o que está ocorrendo de verdade? Por mim, o bombardearia de cartas de bispos, informando lealmente: nossos padres, premidos pela realidade, já avançaram e não recuam mais... O Pe. Miguel, campeoníssimo da nova posição, teme que muitos cristãos se escandalizem: se a Igreja revir este ponto de doutrina, não chegará um dia a rever os demais?... Por mim, não vacilo. Erramos. Avançamos demais. Não vamos continuar criando constrangimentos terríveis, sem razão de ser. Torturando esposas, abalando a paz de tantos lares... Por que não ter coragem de emendar o erro e explicar ao povo que não se trata de golpe na infalibilidade Pontifícia?..." (Circular 15 de 24/25.9.1965. Dom Helder, no entanto, achava que era um argumento débil afirmar que, para desenvolver o Terceiro Mundo, era preciso impor o controle da natalidade. Para ele, este argumento levava a fugir do problema básico: quando se confronta as ajudas recebidas dos países desenvolvidos com os preços impostos às matérias-primas, aparece uma injustiça que nos leva a gritar aos céus. Criam-se "argumentos débeis para não enfrentar o problema, como, por exemplo, o controle da natalidade como sinônimo de desenvolvimento" [...]. Estas saídas, que contêm aspectos positivos, deixam, no entanto, de resolver o problema da justiça (H. CAMARA, Presenza della Chiesa nello sviluppo dell'America Latina. In: H. CÂMARA, *Terzo mondo defraudato*, pp. 109-111; J. de BROUCKER, *As noites de um profeta: Dom Helder Câmara no Vaticano II*, pp. 67-69).

[58] Na opinião de Lefebvre, o Concílio Vaticano II fez a Igreja dar uma guinada em direção ao modernismo e ao liberalismo, condenados pelos papas anteriores. Assim, o Concílio e, com ele, Paulo VI conduziam a Igreja ao erro, que ele chamava de "protestantização da Igreja". Pensava que a liberdade religiosa e o ecumenismo – novidades trazidas pelo Vaticano II – punham em cheque a Tradição da Igreja. Por isso, Dom Lefebvre decidiu fundar, em 1970, uma casa de formação de sacerdotes no espírito pré-conciliar. Em seguida, criou priorados na França, no Canadá e nos Estados Unidos, agrupou sacerdotes e fiéis contrários ao

que aumentou enormemente com a morte de seu antigo amigo Aldo Moro, assassinado em pleno período de terrorismo, pelas Brigadas Vermelhas, em maio de 1978, apesar dos apelos lançados diretamente por Paulo VI.

Vaticano II, ordenou novos sacerdotes... Devido a sua postura radical e desobediente, Paulo VI lhe proibiu de ordenar novos sacerdotes, mas ele desobedeceu. Em 24 de julho de 1976, foi suspenso a *divinis*, bem como os 26 sacerdotes da FSSPX – Fraternidade Sacerdotal São Pio X – ilicitamente ordenados. A tensão continuará com a FSSPX, e continua até hoje...

C A P Í T U L O   VII

Amizade confirmada
e eterna

> Dom Helder se tornou
> um personagem internacional,
> um dos grandes vultos da Igreja
> e da humanidade,
> mas, graças a Deus,
> continua o mesmo Dom Helder!
>
> *Paulo VI*

1. "Eu estava com saudade de você"

Janeiro de 1978. Quando viajou para a Grécia, em outubro de 1977, Dom Helder tentou uma audiência com o papa, mas, pela segunda vez, lhe foi negada.[1] No final de 1977, um "amigo de inteira confiança" comentou que "o papa queixou-se, de novo, amavelmente" de que o amigo

---

[1] B. SORGE, Helder Camara: il sogno di una Chiesa "povera e serva", *Aggiornamenti Sociali* 2 (2009) 89.

passara por Roma e não o procurara e que teria pedido para não mais fazer viagens internacionais. Isto abalou Dom Helder, pois ele viajava pelo mundo afora pregando a justiça e o amor como caminho para a paz!

Dom Helder, então, escreveu para Paulo VI dizendo acatar qualquer decisão, mas expôs os motivos pelos quais pretendia continuar viajando. Para ter certeza de que a carta chegaria ao destino, escreveu cópias para o Cardeal Benelli e para o Núncio do Brasil. Como, até janeiro de 1978, não havia tido retorno, aceitou o insistente convite do governador da Califórnia para participar de uma celebração, com o aval do bispo de Sacramento.[2]

Depois, o Dom percebeu que "entrara" em contradição com o seu desejo de ser sempre obediente ao Santo Padre. Isto lhe causou sofrimentos: "degringolei. Durante uma semana, andei baratinado. Não acertava com os trabalhos... a saúde ficou abalada, a ponto de chegar a vômitos prolongados e desagradáveis... Falta de ânimo absoluto para preparar a mensagem para os Estados Unidos...".[3] Depois de ter confidenciado o problema ao médico, este concluiu que era algo exclusivamente psíquico.

Um amigo do Vaticano sugeriu ao arcebispo não esperar a resposta do papa, pois tanto o "sim" quanto o "não" eram respostas comprometedoras. A ausência de resposta também seria um "não". Como, então, justificar 80 negativas de convites só em 1978? Angustiado, pensou em se demitir da arquidiocese por não merecer confiança do Vaticano,

---

[2]   PILETTI; W. PRAXEDES, *Dom Hélder Câmara: entre o poder e a profecia*, 426-427.

[3]   Ibid., 427.

mas acabou achando que, na verdade, faltava-lhe humildade em obedecer. Obedeceu...

Porém, repercutiram mal as negativas de Dom Helder a todos aqueles convites e houve um bombardeio de telegramas de protestos enviados do mundo inteiro à Cúria Romana. Esta divulgou uma nota dizendo que não havia nenhuma proibição quanto às viagens internacionais, "mas sim preocupação do Vaticano quanto à pastoral de Olinda e Recife, vítima de constantes viagens do arcebispo ao estrangeiro". Na verdade, a pastoral estava bem encaminhada...[4] O Núncio do Brasil – instruído pela Cúria – insistiu que ele voltasse a viajar em março, mas que antes passasse por Roma e falasse com o Santo Padre.[5]

Antes de visitar o papa, o arcebispo passou nas Congregações para a Doutrina da Fé, para o Clero e para os Bispos. Nesta última, encontrou-se com o Cardeal Sebastião Baggio, que não escondeu as divergências com Dom Helder e criticou as Conferências Episcopais, das quais o brasileiro – com o apoio do tal Monsenhor Montini – fora um dos pioneiros no mundo, dizendo que "a rigor, elas não

---

[4] I. A. RAMPON, *O caminho espiritual de Dom Helder Camara*, pp. 497-500. No dizer de Pinheiro, fala-se muito "que Dom Helder vivia muito fora da arquidiocese e, por isso, não seguia a dinâmica eclesial. Ledo engano! Seguramente, a parte mais orgânica – administração, relacionamento com os padres, com as organizações eclesiais – era garantida por Dom José Lamartine e pelos vigários episcopais. No entanto, a mística da missão, as prioridades da arquidiocese, o diálogo com a sociedade eram marcados pelo próprio arcebispo. Tentava compensar suas saídas pela intensidade da presença" (J. E. PINHEIRO, Dom Helder Camara como arcebispo de Olinda e Recife – um depoimento pastoral. In: M. B. POTRICK, *Dom Helder, pastor e profeta*, p. 45).

[5] PILETTI; W. PRAXEDES, *Dom Hélder Câmara: entre o poder e a profecia*, pp. 427-428.

existem. Na Igreja de Cristo, autoridade só existe nos bispos e em Pedro, nos bispos com Pedro".

15 de julho de 1978. Paulo VI recebeu Dom Helder e pediu que dissesse em português aquela palavra belíssima, intraduzível: "J`avais nostalgie de vous rencontrer, de vous voir", e Dom Helder disse: "Eu estava com saudade de você". O papa repetiu várias vezes "saudade, saudade...", dizendo que era isto que sentia.[6] Depois, comentou que lhe devia uma explicação:

> Não quero que haja a menor dúvida sobre a minha aprovação às suas viagens. Abençoo-as. Eu as sigo, como posso. E o que me dá tranquilidade sobre elas é que Dom Helder se tornou um personagem internacional, um dos grandes vultos da Igreja e da humanidade, mas, graças a Deus, continua o mesmo Dom Hélder! Guarde esta palavra que lhe digo da parte de Deus: sua força é sua humildade e seu coração que só sabe amar, é incapaz de odiar. Continue! Continue! Você tem uma missão a cumprir: pregar a justiça e o amor, como caminho para a paz.[7]

Quando Dom Helder terminou de falar sobre suas atividades na Arquidiocese de Olinda e Recife, Paulo VI lhe falou da sua dor por causa de seu amigo Aldo Moro, ex--ministro italiano e presidente do PDC – Partido Democrático Cristão, poucos meses antes sequestrado e morto pelas Brigadas Vermelhas. Em seguida, o papa presenteou o Dom com um cálice e um cibório de seu uso pessoal. Um fotógrafo registrou o encontro para o arquivo de Paulo VI, que, emocionado, não largava a mão do amigo, enquanto a

---

[6]   Ibid., pp. 428-429.
[7]   Ibid., p. 429.

porta já estava aberta pelos auxiliares cuja presença enfatizava ao visitante o momento de ir embora. Então o papa disse na frente de todos: "Quando vier a Roma, com bilhete ou sem bilhete, venha me ver. Empurre esta porta. Estarei aqui para abraçá-lo". A recomendação seria desnecessária, pois seu estado de saúde era frágil: estava abalado por causa do assassinato de Aldo Moro e por um câncer na próstata...[8]

6 de agosto de 1978. Às 14 horas, no intervalo de filmagens para uma série televisiva francesa sobre Cristo, Dom Helder almoçava com José de Broucker e Roger Bourgeon, a 50 quilômetros de Paris, quando interrompeu por uns instantes a refeição e disse: "Sinto que o Santo Padre vai partir durante esta minha viagem. Certamente, o Encontro de Puebla terá de ser adiado e terei de submeter ao novo papa o esquema de minhas viagens internacionais...". Às 15 horas, a televisão informou que o papa sofrera uma crise de coração. Às 16 horas, recebera a Unção dos Enfermos. Às 19h30, o filho de Bourgeon, que fazia um dos noticiários da televisão, telefonou, dando a informação da morte de Paulo VI. Dom Helder fez uma oração de ação de graças pelo amigo Paulo VI que fora à casa do Pai, com o Filho e o Espírito Santo, com Nossa Senhora, São Paulo, São Pedro, todos os anjos e santos; com o Papa João...[9]

---

[8]   Ibid., pp. 429-430.

[9]   Ibid., p. 430.

2. Paulo VI: amigo fiel e protetor da santa ousadia helderiana

Durante a missa, celebrando o mistério de comunhão entre o céu e a terra, Dom Helder ficava tão profundamente comovido e grato ao Senhor, que chorava ou ria suavemente.[10] O cálice e o cibório que ganhara de Paulo VI "presenciaram" lágrimas de alegria, sorrisos de amor, esperança, contra toda a esperança e saudades do amigo. Nesse sentido, vale recordar dois aspectos:

a) para o Dom, a missa, enquanto "encontro pessoal com Cristo vivo", era maior que todas as outras formas de oração. Por isso, ele não nutria interesse de peregrinar, por exemplo, à Terra Santa: "de que me adianta saber: ali nasceu Jesus; por ali andou; ali morreu, se cada manhã o tenho em minhas mãos e, ao invés de uma Belém vazia e do passado, tenho a Belém atualíssima e vou a um calvário onde o Filho de Deus, de verdade, continua a oferecer-se pela humanidade...". Da mesma forma, não teve curiosidade de ir ao túmulo de João XXIII, porque o "Papa João é meu companheiro de vigília. O Papa João é meu companheiro de Santa Missa. Eu o levo comigo o dia todo";[11]

b) no entanto, curiosamente, pelas Circulares, percebe-se que Dom Helder alegrava-se ao celebrar a missa com paramentos e objetos litúrgicos de amigos – usou roupas

---

[10] Depoimento da Irmã Agostinha Vieira de Melo. In: M. de CASTRO, *Dom Helder: misticismo e santidade*, p. 284.

[11] Circular 49 de 23/24.11.1963.

de João XXIII,[12] Paulo VI,[13] João Paulo II,[14] Cardeal Suenens,[15] entre outros. Simbolicamente, era como se vestisse as características que apreciava nestes expoentes da fé. Dom Helder, portanto, fazia questão de *se vestir* do papa humaníssimo, lúcido, clarividente, longemirante, técnico em humanidade, peregrino da paz, da *Populorum Progressio* – a Encíclica da coragem![16]

Portanto, João Batista Montini e Helder Pessoa Camara foram grandes amigos espirituais. Um compreendia o outro, uma ajudava o outro, um cuidava e defendia o outro! Diante das denúncias efetivadas à Cúria romana por parte do governo ditatorial ou de membros da hierarquia eclesiástica, Dom Helder sempre pôde contar com a defesa de Paulo VI. O papa compreendia as santas ousadias helderianas... Como disse com destreza um dos assessores teológicos de Dom Helder,

---

[12] Circular 46 de 19/20.10.1964. Paulo VI exigiu que Monsenhor Samoré se reconciliasse com Dom Helder e foi justamente Samoré que o presenteou com os paramentos roxos de João XXIII. Dom Helder alegrou-se em "vestir-se de João XXIII". Também Monsenhor Capovilla enviou-lhe objetos litúrgicos pertencentes ao Papa Bom (Circular 16 de 26/27.9.1964).

[13] J. M. PIRES, "Homilia para a missa do Jubileu Sacerdotal de Dom Hélder Câmara", *Sedoc* 14 (1981) 434.

[14] PILETTI; W. PRAXEDES, *Dom Hélder Câmara: entre o poder e a profecia*, p. 382. Dom Helder foi sepultado com as roupas usadas por João Paulo II em sua visita a Recife.

[15] Circular 19 de 29/30.9.1964. Importante a coincidência: no dia de São Miguel, Dom Helder celebrou a missa com os paramentos do "Pe. Miguel".

[16] Circular 239ª de 13/14.5.67.

depois da morte de Paulo VI [Dom Helder] achou-se sem defesa, isolado e a Cúria conseguiu apagá-lo, até o ponto de lhe dar o sucessor que todos conhecem. É evidente que João Paulo II não o entendeu. Deve ter feito esforço para entender. Ficou impressionado pela imensa devoção que se tinha por Dom Helder na América Latina e no mundo. Mas não entendeu e acolheu as críticas que vinham não somente das classes dominantes no Brasil, mas também de certos colegas do episcopado que tinham conquistado posições de poder na Cúria.[17]

Assim, os últimos 14 anos de Dom Helder se tornaram uma "longa noite escura" que ele passou em silêncio, oração e esperança.[18] Ele recolheu-se com toda a intensidade de sua energia mística.[19] Seu silêncio não deixava de ser um grito profético e um testemunho de santidade...[20] Cuidava das rosas no pequeno jardim da Igreja das Fronteiras e rezava, rezava, rezava...

---

[17] J. COMBLIN, *Espiritualidade de Dom Helder*, p. 9.

[18] I. A. RAMPON, *O caminho espiritual de Dom Helder Camara*, pp. 504-507. Segundo José Comblin, Dom Helder sempre acreditou que a destruição de sua obra iria cessar. Pensava que, diante dos escândalos de Dom José Cardoso, a Cúria Romana nomearia Dom Marcelo Carvalheira. Pouco antes de morrer, o arcebispo emérito disse a Dom Marcelo: "quando você for nomeado aqui no Recife, eu quero ser o primeiro a receber a notícia" (J. COMBLIN, Entrevista ao Gruppone Missionario, concedida em 7.6.2009).

[19] J. COMBLIN, *Espiritualidade de Dom Helder*, p. 10.

[20] M. de CASTRO, *Dom Helder: misticismo e santidade*, p. 251. Segundo Velasco, é comum os místicos recorrerem ao silêncio como forma de garantia da verdade. Nestes casos, o silêncio é o último recurso de linguagem: transforma-se em testemunho. Em negativo, o silêncio é para não ser causa de discórdia... Em positivo, nos casos extremos, é o melhor modo de entregar-se ao amor-unitivo com Deus (J. M. VELASCO, *Il Fenomeno Místico*, pp. 57-58).

Rosas para meu Deus

As derradeiras moedas que me sobraram
gastei-as, sem vacilar,
levando-te uma braçada de rosas.
Entendeste
o pedido silencioso
de meu gesto humilde?
Podes consentir
que o derradeiro alento de minha vida
eu o gaste, feliz,
curvando-me silencioso
diante de ti?[21]

Apesar do desmantelamento na arquidiocese, a velha e uma nova geração de helderianos – em muitos lugares do mundo – continuam alimentando os sonhos daquele que foi um *Helder*;[22] daquele que foi um *Dom* de Deus para o Brasil, para a Igreja e para a humanidade buscadora da paz, enquanto fruto da justiça e do amor; daquele que foi um amigo fiel do Papa Paulo VI; daquele cuja últimas palavras teriam sido: "Não deixe cair a profecia".[23]

Que grande consolo, Senhor
saber
que não exiges sucesso,
que não cobras êxito...
Exiges, isto sim,
que não nos poupemos

---

[21] H. CAMARA, *Rosas para meu Deus*, p. 69.

[22] I. A. RAMPON, *O caminho espiritual de Dom Helder Camara*, pp. 27-29. O termo *helder* significa céu límpido, céu sem nuvens, céu claro...

[23] M. BARROS, *Dom Helder Camara: profeta para nossos dias*, pp. 19-22; I. A. RAMPON, *O caminho espiritual de Dom Helder Camara*, pp. 501-514.

que nos demos ao máximo,
sem autossuficiência,
sem vaidade,
sem orgulho, que tudo fazem apodrecer...
E, talvez,
em toda a nossa vida
nada valha mais, diante de ti,
do que aceitar
sereno, tranquilo, feliz
chegar a ti
sem glórias de Vencedor...[24]

Dom Helder e Paulo VI viveram uma profunda amizade espiritual, pois havia comunhão de ideais, contínua busca de Deus, e se dava na presença de Jesus (Mt 18,20). Graças a Deus, hoje podemos apresentá-la como um modelo a ser seguido em nossas amizades espirituais.

Obrigado, Dom Helder! Obrigado, Paulo VI!

---

[24] H. CÂMARA, *Em tuas mãos, Senhor!*, p. 79.

Bibliografia

"A história de Dom Helder Câmara" [acesso 15.5.2009], <http://www. youtube.com/watch?v =SI857hSp9IY>.

"Afastamento de Padre Helder preocupa católicos do Recife" *Jornal do Brasil*, 25.8.1966.

"Arcebispo: ficarei em Pernambuco", *Última Hora*, 17.8.1966.

"Arcebispos condenam excessos cometidos em nome da reforma da Igreja", *Diário de Pernambuco*, 11.8.1968.

"Arena-RS também apoia a Igreja", *Última Hora*, 17.8.1966.

"Ata da Assembleia de Fundação da CNBB", *Sedoc* 54 (1972) 561-565.

"Bispo reafirma que há comunista na Igreja", *Jornal do Commercio*, 1.9.1968.

"Bispos do Nordeste lançam Manifesto de solidariedade a trabalhadores da região", *Jornal do Brasil*, [julho] 1966.

"Bispos são contra esquerdismo e conclamam à harmonia", *Diário de Pernambuco*, 24.7.1968.

"Cogitado o afastamento de D. Helder Camara do Brasil", *Diário de S.Paulo*, 17.8.1966.

"Cristo, César e o templo", *Jornal do Commercio* 16.7.1966.

"Cúria desmente notícia da transferência de Dom Helder da Arquidiocese", *Jornal do Commercio*, 30.8.1966.

"D. Geraldo achou desleal a eleição para ir ao CELAM", *Jornal do Brasil*, 21.8.1968.

"D. Geraldo Sigaud diz saber de um seminário onde a rádio de Moscou é a mais ouvida", *Jornal do Brasil*, 16.8.1968.

"D. Helder – o S. Vicente de Paula das favelas", *O Cruzeiro*, 5.1.1957.

"D. Sigaud diz que só não entra para a TFP porque é movimento civil", *Jornal do Brasil*, 14.9.1968.

"Dom Agnelo apoia com decisão a obra do Padre Helder", *Jornal do Brasil*, 30.8.1966.

"Dom Fernando [Gomes dos Santos] defende Pe. Helder, *Jornal do Brasil*, 13.8.1966.

"Dom Geraldo justifica a ação do Conselho de Segurança", *Jornal do Brasil*, 24.7.1968.

"Dom Helder Camara: a santidade e o compromisso com os direitos humanos", *Rádio Vaticano* [acesso 29.6.2014], <http://pt.radiovaticana.va/news/2014/05/28/dom_h%C3%A9lder_c%-C3%A2mara:_a_ santidade_e_o_compromisso_com_os_direitos_humanos/bra-803111>.

"Dom Helder não será afastado do Recife. E cessarão equívocos", *Diário da Manhã*, 29.8.1966.

"Dom Helder será mantido no Nordeste", *Jornal do Commercio*, 18.9.1966.

"Dom Saburido envia a Roma o pedido de canonização de Dom Helder", *G1 Pernambuco Nordeste*, 27.5.2014.

"Dom Valdir [Calheiros] prefere Igreja Perseguida", *Jornal do Brasil*, 13.8.1966.

"Esquerdas sofrem grande derrota, afirma Dom Sigaud", *O Globo*, 24.7.1968.

"Estadão volta a criticar Dom Helder", *Diário da Noite*, 13.11.1967.

"Exército acusa Padre Hélder de agitador", *Jornal do Brasil*, 12.8.1966, 1-2 e 1º Caderno.

"Mais solidariedade a D. Helder", *Última Hora*, 13.8.1966.

"MDB: audácia teve testemunhas", *Última Hora*, 17.8.1966.

"O papa na tormenta: os difíceis frutos da política", *Veja,* 2.12.1970.

"Organizações Católicas do Recife dão apoio a Padre Helder", *Jornal do Brasil*, 17.8.1966.

"Paolo VI – Viaggi" [acesso 21.6.2014], <http://www.vatican.va/holy_father/paul_ vi/travels/index_it.htm>.

"Paulo VI será beatificado em 19 de outubro deste ano", *Rádio Vaticano* [acesso 29.6.2014], <http://pt.radiovaticana.va/news/2014/05/10/paulo_vi_ser%C3%A1_beatificado_em_19_de_outubro_deste_ano/bra-798142>.

"Paulo VI: um papa em meio à tempestade". Produção de Matilde e Luca Bernabei – RAI – Radiotelevisioneitaliana. Título original: "Paolo VI: il Papa nella tempesta" [acesso 1.6.2014], <http://www.youtube.com/watch?v=Gd7P7tDo4DY>.

"Paulus PP. VI" [acesso 13.6.2014], <http://www.vatican.va/holy_father/paul_vi/index_it.htm>.

"PopePaulVI(1963-1978)",Biografhy[acesso2.7.2014],<http://www.vatican.va/holy_father/paul_vi/biography/documents/hf_p-vi_bio_16071997_biography_en.html>.

"Solidariedade a Dom Helder", *Diário da Manhã*, 15.8.1966.

"Solidariedade dos religiosos e dos leigos", *Boletim Arquidiocesano* (1965-1966) 39.

AMARAL, I. G. do. Circular de Itiberê Gurgel do Amaral. In: M. CIRANO, *Os caminhos de Dom Helder: perseguição e censuras (1964-1980)*, Recife, 1983, pp. 27-28.

BANDEIRA, M. D. Hélder Câmara e o Vaticano II, *Vozes*, ano 72, vol. 82 (Dez 1978), pp. 973-976.

BARROS, M. *Dom Helder Camara: profeta para nossos dias*. São Paulo, 2011.

BAUER, E. *Dom Helder Camara – o Santo Rebelde* [CD-ROM], 2004.

BEOZZO, J. Dom Helder Camara e o Concílio Vaticano II. In: Z. ROCHA (ed.). *Helder, o Dom. Uma vida que marcou os rumos da Igreja no Brasil*, Petrópolis, 1999, pp. 102-110.

BORELLI, A. Beato Paolo VI (Giovanni Battista Montini) Papa [acesso 22.6.2014], <http://www.santiebeati.it/dettaglio/90028>.

BORRIELLO, L.; CARUANA, E.; DEL GENIO, M. R.; SUFFI, N. (ed.). *Dizionario di Mistica*, Roma, 1998.

BOURGEON, R. *Il profeta del Terzo Mondo,* Testimoni del nostro tempo 1, Milano, 1970 = *L'Archevêque des favelles*, Paris, 1968.

BROUCKER, J. de. Dom Helder: Místico, Fraternal, Servidor Fiel [acesso 8.10.2009], <http://www.oarcanjo.net/site/index.php/testemnhos/dhelder/jose-de-broucker-dom-helder-camara-mistico-fraternal-servidor-fiel/>.

_____. As noites de um profeta: Dom Helder Câmara no Vaticano II, São Paulo 2008 = *Le notti di un profeta: Dom Helder Camara al Concilio*, Milano, 2009.

_____. *Helder Camara: la violenza di un pacifico*, Roma, 1970.

CAMARA, H. "A CNBB nasceu assim", *O São Paulo* 19-21.11.1975 = *Sedoc* 10 (1978) 803-805.

_____. "A entrevista [proibida]", *Sedoc* 12 (1979) 706-718 = in S. FERRARINI, *A imprensa e o arcebispo Vermelho: 1964-1984*, São Paulo, 1992, pp. 269-292.

_____. A pobreza na abundância. In: D. H. CAMARA, *Utopias peregrinas*, Recife, 1993, pp. 29-48. Discurso pronunciado durante a Semana Social em Homenagem a Dom Cardjin, Liège, Bélgica 19.4.1968.

_____. "Dados sobre a Cruzada de São Sebastião", *Reb* 19 (1959) 636-668.

_____. Depoimento de Dom Helder à Justiça [sobre a morte do Pe. Henrique]. Recife 28.8.1969. In: M. CIRANO, *Os caminhos de Dom Helder: perseguição e censuras (1964-1980)*, Recife, 1983, pp. 111-115.

_____. Discurso de tomada de posse como Arcebispo de Olinda e Recife. In: D. H. CAMARA, *Utopias peregrinas*, Recife, 1993, pp. 15-28. Pronunciado na Praça do Diário, Recife, 11.4.1964.

_____. Dom Helder Camara racconta la sua vita. In: R. BOURGEON, *Il profeta del Terzo Mondo*, Testimoni del nostro tempo 1, Milano, 1970, pp. 235-240.

_____. Helder Camara – autocritica e utopia. In: H. CAMARA; M. SILVA; A. B. FRAGOSO; F. BETTO; G. LEBRET; J. SILVA SOLAR; P. FREIRE, *Complicità o resistenza?* La Chiesa in America Latina, Assisi, 1976, pp. 18-21.

_____. La más valiente de las encíclicas, *Fatos e Fotos* [abril 1967]. In: B. T de RENEDO, *Helder Camara: proclamas a la juventud*, Salamanca, 1976, pp. 129-133.

_____. La presenza della Chiesa nello sviluppo dei popoli. In: IDOC, *Due Miliardi di affamati. Helder Câmara, Arcevescovo di Olinda e Recife, Lebret, Gonzalez-Ruiz e altri denunciano la colpevole inerzia del mondo "civile" nei confronti dei paesi sottosviluppati*, Verona, 1968, pp. 41-59.

_____. Los jóvenes exigen y construyen la paz. In: B. T. de RENEDO, *Helder Camara: proclamas a la juventud*, Salamanca, 1976, pp. 80-84 = In: J. CAYUELA, *Helder Camara – Brasil: ¿un Vietnam católico?* Santiago de Chile – Buenos Aires – México – Madrid – Barcelona, 1969, pp. 255-260 = "Os jovens exigem e constroem a paz. Uma realidade que nos interpela". In: Secretariado Regional Nordeste II – CNBB, Serviço de Apostilas 17, pp. 34-38. Discurso pronunciado durante o Congresso Mundial da Federação das Juventudes Femininas Católicas e da Federação Internacional da Juventude Católica, Berlim Ocidental, 18.4.1968.

_____. Per una visione cristiana dello sviluppo. In: H. CÂMARA *Terzo Mondo defraudato*, Milano, 1968 (4. ed. 1970), pp. 15-23.

_____. "Pobreza e miséria na América Latina", *Sedoc* 9 (1977) 770-776. Palestra pronunciada durante o 41º Congresso Eucarístico Internacional, Estados Unidos, 3.8.1976.

_____. Presencia de la iglesia en el desarrollo de América Latina. In: B. T. de RENEDO, *Helder Camara: proclamas a la juventud*, Salamanca 1976, pp. 116-127 = Presenza della chiesa nello sviluppo dell'America Latina. In: H. CÂMARA, *Terzo Mondo defraudato*, Milano, 1970, pp. 101-119 = Presença da Igreja no desenvolvimento da América Latina. Sugestões fraternas, palestra em Mar del Plata. In: Secretariado Regional Nordeste II – CNBB, Serviço de Apostilas 12, 1-14. Discurso na X Assembleia Extraordinária do CELAM, Mar del Plata, Argentina 9-16.10.1966.

_____. Quaisquer que sejam as consequências. In: M. CIRANO, *Os caminhos de Dom Helder: perseguição e censuras (1964-1980)*, Recife, 1983, pp. 71-72.

_____. "Realismo da Igreja continuadora de Cristo", *Vozes* 5 (1965) 432-439. Discurso na inauguração do Seminário Regional do Nordeste, Pernambuco 2.5.1965.

_____. Recife e Milão, irmãs em responsabilidades em face do desenvolvimento. In: D. H. CAMARA, *Utopias peregrinas*, Recife, 1993, pp. 29-38 = Recife e Milano sorelle in responsabilità di fronte allo sviluppo. In: H. CAMARA, *Terzo Mondo defraudato*, Milano, 1968 (4. ed. 1970), pp. 89-100. Discurso pronunciado em Milão 27.5.1967 = H. CAMARA, Recife e Milão, irmãs em responsabilidade em face do desenvolvimento. Circular 226ª de 14/15.4.1967.

_____. Sonhei que o papa enlouquecia. In: E. BAURER, *Dom Helder Camara – o Santo Rebelde* [CD-ROM] 2004.

_____. "A Igreja e a construção do mundo". Circular 263ª de 15/16.7.1967.

_____. *Chi sono io?* Assisi, 1979 = *Quien soy io?* Madrid, 1979.

_____. *Circulares Conciliares*, I – de 13/14 de outubro de 1962 a março de 1964, II – de 12 de setembro a 22/23 de novembro de 1964, III – de 10/11 de setembro a 7/8 de dezembro de 1965, Obras Completas de Dom Helder, Recife 2009.

_____. *Circulares Interconciliares*, I – de 11/12 de abril a 9/10 de setembro de 1964, II – de 23/24 de novembro de 1964 a 17/18 de abril de 1965, III – de 18/19 de abril a 31 de agosto/1º de setembro de 1965, Obras Completas de Dom Helder, Recife, 2009.

_____. *Circulares Pós-Conciliares*, I – de 9/10 de dezembro de 1965 a 30/31 de maio de 1966, II – 31 de maio/1º de junho a 26/27 de dezembro de 1966, III – de 31 de dezembro de 1966/1º de janeiro de 1967 a 29/30 de julho de 1967, Obras Completas de Dom Helder, Recife 2011.

_____. *Em tuas mãos, Senhor!* A oração dos pobres, São Paulo, 1986. Traduções em inglês, italiano, alemão e espanhol.

_____. *Encíclica a responder com atos*. Circular 231ª de 20/21.4.1967.

_____. *Espiral de violencia*, Salamanca 1970, 3. ed., 1970. Edições em francês (1970), alemão, norueguês, holandês, chinês, inglês, italiano e português.

_____. *Le conversioni di un vescovo*, Torino, 1979. Edições em francês (1977), alemão, inglês, espanhol e sueco.

_____. Nordeste, desenvolvimento sem justiça. Circular 224ª de 24/25.4.1967.

_____. *O deserto é fértil. Roteiro para as minorias abraâmicas*, Rio de Janeiro, 1971, (5. ed. 1976). Edições em francês (1971), espanhol, italiano, alemão, inglês, coreano e japonês.

_____. *O Evangelho com Dom Hélder*, Rio de Janeiro 1993. Edições em francês (1985), espanhol, alemão, inglês, holandês, italiano.

_____. *Rosas para meu Deus*, São Paulo, 1996 (5. ed., 2007).

_____. *Utopias peregrinas*, Recife, 1993.

CAMARA, H.; SUENENS. L. J. *Renouveau dans l'Espirit et service de l'homme*, Bruxelas, 1979. Edições em italiano, inglês, alemão, espanhol e holandês.

CASTRO, M. de. *64: Conflito Igreja X Estado*, Petrópolis, 1984.

_____. *Dom Helder: misticismo e santidade*, Rio de Janeiro, 2002.

CAYUELA, J. *Hélder Câmara – Brasil: ¿un Vietnam católico?* Santiago de Chile – Buenos Aires – México – Madrid – Barcelona, 1969.

CELAM, *A Igreja na atual transformação da América Latina à luz do Concílio: Conclusões de Medellín*, 7. ed., Petrópolis 1969, 1980.

CIRANO, M. "A resistência democrática" [acesso 13.4.2010], <http://www.pe-az.com.br/dh/resistencia.htm>.

_____. "Os opositores" [acesso 13.4.2010], <http://www.pe-az.com.br/dh/opositores.htm>.

_____. *Dom Helder: Pastor da Liberdade*, <http://www.pe-az.com.br/dh/projeto.htm>.

_____. *Os caminhos de Dom Hélder: perseguições e censura (1964-1980)*, Recife, 1983.

CNBB – REGIONAL NORDESTE, "Manifesto dos Bispos do Nordeste", *Boletim Arquidiocesano* (1965-1966).

CNBB, *Plano de Emergência para a Igreja do Brasil*, Rio de Janeiro, 1962.

COMBLIN, J. Dom Helder e o novo modelo episcopal no Vaticano II. In: M. B POTRICK, ed. *Dom Helder, pastor e profeta*, 2. ed., São Paulo 1983, 1984, pp. 23-42.

_____. Dom Helder, bispo do Terceiro Milênio. In: Z. ROCHA, ed. *Helder, o Dom. Uma vida que marcou os rumos da Igreja no Brasil*, Petrópolis 1999, pp. 91-94.

_____. Entrevista realizada por Martinho Condini no dia 26 de julho de 2000. In: M. CONDINI, *Dom Helder Camara: um modelo de esperança*, São Paulo, 2008, pp. 161-168.
_____. "Os Santos Pais da América Latina", *Concilium* 333 (2009) 619-630.
_____. *A espiritualidade de Dom Helder*, Recife [2001].
_____. *A vida: em busca da liberdade*. São Paulo, 2007.
_____. *Dom Helder* [CD-ROM] 2009. Entrevista concedida ao *Gruppone Missionario* 7.6.2009 [inédito].
CONCÍLIO VATICANO II, *Documentos do Vaticano II: constituições, decretos e declarações*, Petrópolis, 1966.
CONDINI, M. *Dom Helder Camara: um modelo de esperança*, São Paulo, 2008.
CORPORALE, R. *Last of the Councils*, California, 1964.
DOWNEY, M.; BORRIELLO, L. *Nuovo Dizionario di Spiritualità*, Roma, 2003.
DRISCOLL, M. S. "Amicizia", *Nuovo Dizionario di Spiritualità*, Roma, 2003.
FERRARINI, S. A. *A imprensa e o arcebispo Vermelho: 1964-1984*, São Paulo, 1992.
FESQUET, H. *Diario del Concilio: tutto il Concilio giorno per giorno*, Milano, 1967.
FRANCISCO. "Discurso do Papa Francisco aos participantes no 37º Encontro Nacional da Renovação Carismática Católica"[acesso 5.6.2014], <http://w2.vatican.va/content/francesco/pt/speeches/2014/june/documents/papa-francesco_20140601_rinnovamento-spirito-santo.html>.
_____. "Santa Missa e Canonização dos Beatos João XXIII e João Paulo II – Homilia do Papa Francisco" [acesso 10.5.2014], <http://w2.vatican.va/content/francesco/pt/homilies/2014/documents/papa-francesco_20140427_omelia-canonizzazioni.html>.
_____. "Viagem a Lampedusa (Itália). Santa Missa pelas vítimas dos naufrágios – Homilia do Santo Padre Francisco" [acesso 13.6.2013], <http://w2.vatican.va/content/francesco/pt/homilies/2013/ documents/papa-francesco_20130708_omelia-lampedusa.html>.
_____. *As palavras do papa Francisco no Brasil*, São Paulo, 2013.
_____. *Comunicação a serviço de uma autêntica cultura do encontro*. Mensagem do 48º Dia Mundial das Comunicações Sociais, São Paulo, 2014.
_____. *Evangelii Gaudium – A alegria do Evangelho sobre o anúncio do Evangelho no mundo atual*, São Paulo, 2013.
GALILEA, S. *A mensagem de Puebla*, São Paulo, 1979.

GONZÁLEZ, J. *Helder Câmara: il grido dei poveri*, Roma 1970, 4. ed., 1976.

GRILLO, A. "Liturgia, exercício do sacerdócio de Cristo, cabeça e membros, na SC e nos demais documentos do Concílio Vaticano II". Relatório do Seminário Nacional de Liturgia, 2012, texto 2, 1-9.

ISNARD, C. Dom Helder e a Conferência dos Bispos. In: Z. ROCHA (ed.). *Helder, o Dom. Uma vida que marcou os rumos da Igreja no Brasil*, Petrópolis, 1999, pp. 97-100.

JOÃO XXIII. *Mater et magistral*, São Paulo, 7. ed., 1980.

_____. *Pacem in terris*, São Paulo, 1963.

KATHEN, N.R.T. *Uma vida para os pobres: Espiritualidade de D. Hélder Câmara*, São Paulo, 1991.

LIMA, A. A. Depoimento. In: M. de CASTRO, *Dom Helder: misticismo e santidade*, Rio de Janeiro, 2002, pp. 259-268.

LORSCHEIDER, A. Conferências-Gerais do Episcopado Latino-Americano e do Caribe. Subsídio preparatório à V Conferência do Episcopado Latino-Americano. In: *Documentos do Celam*, Documentos da Igreja 8, São Paulo, 2004, pp. 7-13.

MAGNO, G. *Dialoghi*: I-IV, Roma, 2000.

MARQUES, L. C. L. As Circulares Conciliares de Dom Helder. In: D. H. CAMARA, *Circulares Conciliares*, I, Recife, 2009, XXXV-XLVIII.

MCBRIEN, R. P. *Os pontífices: de São Pedro a João Paulo II*. São Paulo, 2000, 2. ed., 2004.

MUGGLER, M. M. *Padre José Comblin: uma vida guiada pelo Espírito*, São Bernardo do Campo, 2012.

MURATORI, L. Le sue parole e l'opera. In: R. BOURGEON, *Il profeta del Terzo Mondo*, Testimoni del nostro tempo 1, Milano, 1970, pp. 241-270.

O'DRISCOLL, M. Caterina da Siena (santa). In: *Dizionario di Mistica*, Roma, pp. 279-282.

OLIVEIRA, P. C. de. "O arcebispo Vermelho abre as portas da América Latina e do mundo para o comunismo", *O Estado de S.Paulo*, 1.2.1969; ID. *Folha de S.Paulo*, 1.2.1969; ID. *O Globo*, 6.2.1969.

PAOLO VI. "Testamento di Paolo VI" [acesso 13.6.2014], <http://www.vatican.va/holy_father/paul_vi /speeches/1978/august/document/hf_p-vi_spe_19780810_testamento-paolo-vi_it.html>.

_____. Discurso de S.S. Paulo VI na abertura da Segunda Conferência. In: CELAM, *A Igreja na atual transformação da América Latina à luz do Concílio: conclusões de Medellín*, Petrópolis, 1969 (7. ed., 1980), pp. 9-19.

Paulo IV e Dom Helder Camara

_____. Discurso do Papa Paulo VI na sede da ONU [acesso 21.6.2014], <http://www.vatican.va/holy_father/paul_vi/speeches/1965/documents/hf_pvi_spe_19651004_united-nations_po.html>.

_____. "Mensagem do Papa Paulo VI por ocasião da morte do Pe. Henrique", *Sedoc* 2 (1969) 144.

_____. *Evangelii nuntiandi*. 6. ed., São Paulo,1978.

_____. *Humanae Vitae* [acesso 15.6.2014], <http://www.vatican.va/holy_father/paul_vi/encyclicals/documents/hf_p-vi_enc_25071968_humanae-vitae_po.html>.

_____. *Populorum progressio*, São Paulo, 1978.

_____. *Sacerdotalis Caelibatus* [acesso 15.6.2014], <http://www.vatican.va/holy_father/paul_vi/encyclicals/documents/hf_p-vi_enc_24061967_sacerdotalis_po.html>.

Piletti, N.; Praxedes, W. *Dom Helder Camara: entre o poder e a profecia*, São Paulo, 1997.

_____. *Dom Helder Camara: o profeta da paz*, 2. ed. São Paulo, 2008.

Pinheiro, J. E. Dom Helder Camara como arcebispo de Olinda e Recife (1964-1985). In: Z. Rocha, ed. *Helder, o Dom. Uma vida que marcou os rumos da Igreja no Brasil*, Petrópolis, 1999, pp. 77-87.

Pires, J. M. "Homilia para a Missa do Jubileu Sacerdotal de Dom Helder Camara", *Sedoc* 14 (1981) 432-435.

Potrick, M. B. ed. *Dom Helder, pastor e profeta*, São Paulo, 1983 (2. ed., 1984).

Prandini, F.; Pedrucci, V. A.; Dale, F. R. ed. *As relações Igreja-Estado no Brasil*, II – durante o Governo do Marechal Costa e Silva 1967-1970; III – durante o Governo do General Médici 1970-1974; IV – durante o Governo do General Geisel 1974-1976; V – durante o Governo do General Geisel 1977; VI – durante o Governo do General Geisel 1978-1979, São Paulo, 1987.

Rampon, I. A. Dom Helder Camara: "A síntese da melhor tradição espiritual da América Latina. Entrevista especial com Ivanir Rampon", *IHU*. Entrevista a Patrícia Facchin, 8.9.2013, <http://www.ihu.unisinos.br/entrevistas/523294-dom-helder-camara-a-sintese-da-melhor-tradicao-espiritual-da-america-latina-entrevista-especial-com-ivanir-rampon>.

_____. O caminho espiritual de Dom Helder Câmara, *WEB TV Paulinas*, 8.8.2013. <http://www.webtvpaulinas.com.br/video/2013080601/>.

_____. O encontro com Jesus faz surgir um novo sujeito histórico que chamamos de discípulo. In: RUBINI, A.; BONETTI, C. (org.),

Discipulado e missão – elementos bíblicos, Passo Fundo, 2013, pp. 137-167.

_____. *O caminho espiritual de Dom Helder Camara*, São Paulo, 2013.

RENEDO, B. T. de, *Helder Camara y la justicia: ideario*, Salamanca, 1981.

_____. *Helder Camara: proclamas a la juventud*, Salamanca, 1976.

ROCHA, Z. Apresentação. In: D. H. CAMARA, *Circulares Interconciliares*, I, Recife 2009, XIII-XVI.

_____. (ed.). *Helder, o Dom. Uma vida que marcou os rumos da Igreja no Brasil*, Petrópolis, 1999.

ROY, C. "Carta do Cardeal Roy a D. Helder", *Sedoc* 4 (1972) 1184-1185 = "Carta do Cardeal Roy", 1971. In: M. B. POTRICK, *Dom Helder, pastor e profeta*, pp. 167-168.

SALES, F. di. *Opere complete di San Francesco di Sales*, Roma, 2012.

SECRETARIA DE ESTADO, "A Santa Sé e D. Helder". In: *L'Osservatore Romano*, 25.7.1969; ID. *Sedoc* 2 (1969) 321-322.

SENA, S. C. de. *Cartas completas*, São Paulo, 2005.

SIENA, S. C. da. *Epistolario*, I, II, III, Alba, 1972.

_____. *Il dialogo della Divina Provvidenza*, 6. ed., Siena, 1974, 1998.

SIGAUD, G. de P. Carta ao Presidente da CNBB. In: M. CIRANO, *Os caminhos de Dom Helder: perseguição e censuras (1964-1980)*, Recife, 1983, pp. 55-56.

_____. Carta ao Presidente do Brasil. In: M. CIRANO, *Os caminhos de Dom Helder: perseguição e censuras (1964-1980)*, Recife, 1983, pp. 53-54.

SLOB, B. "Do barraco para o apartamento: a 'humanização' e a 'urbanização' de uma favela situada em um bairro nobre do Rio de Janeiro" [acesso 3.9.2010], Holanda, 2002, <http://www.ccpg. puc-rio.br/nucleodememoria/dhc/textos/16210742-Do-barraco-para-o-apartamento.pdf>.

SORGE, B. "Helder Camara: il sogno di una Chiesa 'povera e serva'", *Aggiornamenti Sociali* 2 (2009) 85-90.

SOUZA, L. A. G. de. *A JUC: Os estudantes católicos e a política*, Petrópolis, 1984.

SUENENS, J-L. *Souvenirs et esperances*, Paris, 1991, p. 177. In: L.C. L. MARQUES, As Circulares Conciliares de Dom Helder. In: H. CAMARA, *Vaticano II: Circulares Conciliares*, I, XLV.

TV SENADO. "Dom Hélder (parte 1)" [acesso 15.5.2009], <http://www.youtube.com/watch?v=VlS5so5da3o>.

VELASCO, J. M. *El fenómeno místico: estudio comparado*, Madrid, 1999.

WEIGNER, G. *Helder Câmara: la voce del mondo senza voce*, Milano, 1973.

Impresso na gráfica da
Pia Sociedade Filhas de São Paulo
Via Raposo Tavares, km 19,145
05577-300 - São Paulo, SP - Brasil - 2014